Félix Lope de Vega y Carpio

El perro del hortelano

Barcelona **2024**
Linkgua-ediciones.com

Créditos

Título original: El perro del hortelano.

© 2024, Red ediciones S.L.

e-mail: info@linkgua.com

Diseño de cubierta: Michel Mallard.

ISBN tapa dura: 978-84-1126-330-6.
ISBN rústica: 978-84-96290-41-9.
ISBN ebook: 978-84-9897-103-3.

Sumario

Brevísima presentación

La vida

Félix Lope de Vega y Carpio (Madrid, 1562-Madrid, 1635). España.

Nació en una familia modesta, estudió con los jesuitas y no terminó la universidad en Alcalá de Henares, parece que por asuntos amorosos. Tras su ruptura con Elena Osorio (Filis en sus poemas), su gran amor de juventud, Lope escribió libelos contra la familia de ésta. Por ello fue procesado y desterrado en 1588, año en que se casó con Isabel de Urbina (Belisa).

Pasó los dos primeros años en Valencia, y luego en Alba de Tormes, al servicio del duque de Alba. En 1594, tras fallecer su esposa y su hija, fue perdonado y volvió a Madrid. Allí tuvo una relación amorosa con una actriz, Micaela Luján (Camila Lucinda) con la que tuvo mucha descendencia, hecho que no impidió su segundo matrimonio, con Juana Guardo, del que nacieron dos hijos.

Entonces era uno de los autores más populares y aclamados de la Corte. En 1605 entró al servicio del duque de Sessa como secretario, aunque también actuó como intermediario amoroso de éste. La desgracia marcó sus últimos años: Marta de Nevares una de sus últimas amantes quedó ciega en 1625, perdió la razón y murió en 1632. También murió su hijo Lope Félix. La soledad, el sufrimiento, la enfermedad, o los problemas económicos no le impidieron escribir.

Personajes

Anarda, dama
Antonelo, lacayo
Camilo
Celio, criado
Diana, condesa de Belflor
Dorotea, dama
Fabio, su gentilhombre
Federico, conde
Furio
Leonido, criado
Lirano
Ludovico, conde
Marcela, dama
Otavio, su mayordomo
Ricardo, marqués
Teodoro, su secretario
Tristán, lacayo
Un paje

Jornada primera

(Salen Teodoro y Tristán; vienen huyendo.)

Teodoro   Huye, Tristán, por aquí.

Tristán   Notable desdicha ha sido.

Teodoro   ¿Si nos habrá conocido?

Tristán   No sé; presumo que sí.

(Vanse. Sale Diana.)

Diana   ¡Ah gentilhombre!, esperad.
¡Teneos, oíd! ¿qué digo?
¿Esto se ha de usar conmigo?
Volved, mirad, escuchad.
    ¡Hola! ¿No hay aquí un criado?
¡Hola! ¿No hay un hombre aquí?
Pues no es sombra lo que vi,
ni sueño que me ha burlado.
    ¡Hola! ¿Todos duermen ya?

(Sale Fabio.)

Fabio   ¿Llama vuestra señoría?

Diana   Para la cólera mía
gusto esa flema me da.
    Corred, necio, enhoramala,
pues merecéis este nombre,
y mirad quién es un hombre
que salió de aquesta sala.

Fabio

¿De esta sala?

Diana

Caminad,
y responded con los pies.

Fabio

Voy tras él.

Diana

Sabed quién es.

Fabio

¿Hay tal traición, tal maldad?

(Vase. Sale Otavio.)

Otavio

Aunque su voz escuchaba,
a tal hora no creía
que era vuestra señoría
quien tan aprisa llamaba.

Diana

¡Muy lindo Santelmo hacéis!
¡Bien temprano os acostáis!
¡Con la flema que llegáis!
¡Qué despacio que os movéis!
   Andan hombres en mi casa
a tal hora, y aún los siento
casi en mi propio aposento;
que no sé yo dónde pasa
   tan grande insolencia, Otavio.
Y vos, muy a lo escudero,
cuando yo me desespero,
¿así remediáis mi agravio?

Otavio

Aunque su voz escuchaba,
a tal hora no creía

que era vuestra señoría
quien tan aprisa llamaba.

Diana   Volveos; que no soy yo;
acostaos; que os hará mal.

Otavio   Señora...

(Sale Fabio.)

Fabio   No he visto tal.
Como un gavilán partió.

Diana   ¿Viste las señas?

Fabio   ¿Qué señas?

Diana   ¿Una capa no llevaba
con oro?

Fabio   Cuando bajaba
la escalera...

Diana   ¡Hermosas dueñas
sois los hombres de mi casa!

Fabio   A la lámpara tiró
el sombrero y la mató.
Con esto los patios pasa,
  y en lo oscuro del portal
saca la espada y camina.

Diana   Vos sois muy lindo gallina.

Fabio   ¿Qué querías?

Diana   ¡Pesia tal!
                             Cerrar con él y matalle.

Otavio   Si era hombre de valor,
                             ¿fuera bien echar tu honor
                             desde el portal a la calle?

Diana   ¡De valor aquí! ¿Por qué?

Otavio   ¿Nadie en Nápoles te quiere,
                             que mientras casarse espere,
                             por dónde puede te ve?
                                 ¿No hay mil señores que están,
                             para casarse contigo,
                             ciegos de amor? Pues bien digo,
                             si tú le viste galán,
                                 y Fabio tirar bajando
                             a la lámpara el sombrero.

Diana   Sin duda fue caballero
                             que, amando y solicitando,
                                 vencerá con interés
                             mis criados; que criados
                             tengo, Otavio, tan honrados.
                             Pero yo sabré quién es.
                                 Plumas llevaba el sombrero,
                             y en la escalera ha de estar.
(A Fabio.)   Ve por él.

Fabio   ¿Si le he de hallar?

Diana   Pues claro está, majadero;

que no había de bajarse
por él cuando huyendo fue.

Fabio   Luz, señora, llevaré.

(Vase.)

Diana   Si ello viene a averiguarse,
    no me ha de quedar culpado
en casa.

Otavio   Muy bien harás;
pues cuando segura estás,
te han puesto en este cuidado.
    Pero aunque es bachillería,
y más estando enojada,
hablarte en lo que te enfada,
ésta tu injusta porfía
    de no te querer casar
causa tantos desatinos,
solicitando caminos
que te obligasen a amar.

Diana   ¿Sabéis vos alguna cosa?

Otavio   Yo, señora, no sé más
de que en opinión estás
de incansable cuanto hermosa.
    El condado de Belflor
pone a muchos en cuidado.

(Sale Fabio.)

Fabio   Con el sombrero he topado;

mas no puede ser peor.

Diana

Muestra. ¿Qué es esto?

Fabio

No sé.
Éste aquel galán tiró.

Diana

¿Éste?

Otavio

No le he visto yo
más sucio.

Fabio

Pues éste fue.

Diana

¿Éste hallaste?

Fabio

Pues ¿yo había
de engañarte?

Otavio

¡Buenas son
las plumas!

Fabio

El es ladrón.

Otavio

Sin duda a robar venía.

Diana

Haréisme perder el seso.

Fabio

Este sombrero tiró.

Diana

Pues las plumas que vi yo,
y tantas, que aun era exceso,
¿en esto se resolvieron?

Fabio

Como en la lámpara dio,
sin duda se las quemó,
y como estopas ardieron.
    Ícaro, ¿al Sol no subía,
y abrasándose las plumas,
cayó en las blancas espumas
del mar? Pues esto sería.
    El Sol la lámpara fue,
Ícaro el sombrero; y luego
las plumas deshizo el fuego,
y en la escalera le hallé.

Diana

    No estoy para burlas, Fabio.
Hay aquí mucho que hacer.

Otavio

Tiempo habrá para saber
la verdad.

Diana

                    ¿Qué tiempo, Otavio?

Otavio

Duerme agora; que mañana
lo puedes averiguar.

Diana

No me tengo de acostar,
no, por vida de Diana,
    hasta saber lo que ha sido.
Llama esas mujeres todas.

(Vase Fabio.)

Otavio

Muy bien la noche acomodas.

Diana

Del sueño, Otavio, me olvido
    con el cuidado de ver

un hombre dentro en mi casa.

Otavio   Saber después lo que pasa
                fuera discreción, y hacer
                  secreta averiguación.

Diana   Sois, Otavio, muy discreto;
                que dormir sobre un secreto
                es notable discreción.

(Salen Fabio, Marcela, Dorotea, Anarda.)

Fabio   Las que importan he traído;
                que las demás no sabrán
                lo que deseas, y están
                rindiendo al sueño el sentido.
                  Las de tu cámara solas
                estaban por acostar.

Anarda (Aparte.)   (De noche se altera el mar,
                y se enfurecen las olas.)

Fabio   ¿Quieres quedar sola?

Diana   Sí.
                Salíos los dos allá.

(Fabio aparte a Otavio.)

Fabio   (¡Bravo examen!)

Otavio   (Loca está.)

Fabio   (Y sospechosa de mí.)

(Vanse Otavio y Fabio.)

Diana   Llégate aquí, Dorotea.

Dorotea   ¿Qué manda vuseñoría?

Diana   Que me dijeses querría
                quién esta calle pasea.

Dorotea   Señora, el marqués Ricardo,
                y algunas veces el conde
                Paris.

Diana   La verdad responde
                de lo que decirte aguardo,
                    si quieres tener remedio.

Dorotea   ¿Qué te puedo yo negar?

Diana   ¿Con quién los has visto hablar?

Dorotea   Si me pusieses en medio
                    de mil llamas, no podré
                decir que, fuera de ti,
                hablar con nadie los vi
                que en aquesta casa esté.

Diana   ¿No te han dado algún papel?
                ¿Ningún paje ha entrado aquí?

Dorotea   Jamás.

Diana   Apártate allí.

(Marcela aparte a Anarda.)

Marcela   (¡Brava inquisición!)

Anarda   (Cruel.)

Diana   Oye, Anarda.

Anarda   ¿Qué me mandas?

Diana   ¿Qué hombre es éste que salió?

Anarda   ¿Hombre?

Diana   Desta sala; y yo
sé los pasos en que andas.
    ¿Quién le trajo a que me viese?
¿Con quién habla de vosotras?

Anarda   No creas tú que en nosotras
tal atrevimiento hubiese.
    ¡Hombre, para verte a ti,
había de osar traer
criada tuya, ni hacer
esa traición contra ti!
    No, señora, no lo entiendes.

Diana   Espera, apártate más;
porque a sospechar me das,
si engañarme no pretendes,
    que por alguna criada
este hombre ha entrado aquí.

Anarda   El verte, señora, así,
                  y justamente enojada,
                     dejada toda cautela,
                  me obliga a decir verdad,
                  aunque contra la amistad
                  que profeso con Marcela.
                     Ella tiene a un hombre amor,
                  y él se le tiene también;
                  mas nunca he sabido quién.

Diana   Negarlo, Anarda, es error.
                     Ya que confiesas lo más,
                  ¿para qué niegas lo menos?

Anarda   Para secretos ajenos
                  mucho tormento me das,
                     sabiendo que soy mujer;
                  mas basta que hayas sabido
                  que por Marcela ha venido.
                  Bien te puedes recoger;
                     que es solo conversación,
                  y ha poco que se comienza.

Diana   ¡Hay tan cruel desvergüenza!
                  ¡Buena andará la opinión
                     de una mujer por casar!
                  ¡Por el siglo, infame gente,
                  del conde mi señor!

Anarda   Tente,
                  y déjame disculpar;
                     que no es de fuera de casa
                  el hombre que habla con ella,
                  ni para venir a vella

por esos peligros pasa.

Diana

En efeto, ¿es mi criado?

Anarda

Sí, señora.

Diana

¿Quién?

Anarda

Teodoro.

Diana

¿El secretario?

Anarda

Yo ignoro
lo demás; sé que han hablado.

Diana

Retírate, Anarda, allí.

Anarda

Muestra aquí tu entendimiento.

Diana (Aparte.)

(Con más templanza me siento,
sabiendo que no es por mí.)
Marcela...

Marcela

Señora...

Diana

Escucha.

Marcela
(Aparte.)

¿Qué mandas?
(Temblando llego.)

Diana

¿Eres tú de quién fiaba
mi honor y mis pensamientos?

Marcela

Pues ¿qué te han dicho de mí,

sabiendo tú que profeso
la lealtad que tú mereces?

Diana   ¿Tú, lealtad?

Marcela   ¿En qué te ofendo?

Diana   ¿No es ofensa que en mi casa,
y dentro de mi aposento,
entre un hombre a hablar contigo?

Marcela   Está Teodoro tan necio
que donde quiera me dice
dos docenas de requiebros.

Diana   ¿Dos docenas? ¡Bueno a fe!
Bendiga el buen año el cielo,
pues se venden por docenas.

Marcela   Quiero decir que, en saliendo
o entrando, luego a la boca
traslada sus pensamientos.

Diana   ¿Traslada? Término extraño.
¿Y qué te dice?

Marcela   No creo
que se me acuerde.

Diana   Sí hará.

Marcela   Una vez dice: «Yo pierdo
el alma por esos ojos».
Otra: «Yo vivo por ellos;

esta noche no he dormido,
desvelando mis deseos
en tu hermosura». Otra vez
me pide solo un cabello
para atarlos, porque estén
en su pensamiento quedos.
Mas ¿para qué me preguntas
niñerías?

Diana   Tú a lo menos
bien te huelgas.

Marcela   No me pesa;
porque de Teodoro entiendo
que estos amores dirige
a fin tan justo y honesto,
como el casarse conmigo.

Diana   Es el fin del casamiento
honesto blanco de amor.
¿Quieres que yo trate desto?

Marcela   ¡Qué mayor bien para mí!
Pues ya, señora, que veo
tanta blandura en tu enojo
y tal nobleza en tu pecho,
te aseguro que le adoro,
porque es el mozo más cuerdo,
más prudente y entendido,
más amoroso y discreto,
que tiene aquesta ciudad.

Diana   Ya sé yo su entendimiento
del oficio en que me sirve.

Marcela

Es diferente el sujeto
de una carta, en que les pruebas
a dos títulos tu deudo,
de verle hablar más de cerca,
en estilo dulce y tierno,
razones enamoradas.

Diana

Marcela, aunque me resuelvo
a que os caséis, cuando sea
para ejecutarlo tiempo,
no puedo dejar de ser
quién soy, como ves que debo
a mi generoso nombre;
porque no fuera bien hecho
daros lugar en mi casa.

(Aparte.)

(Sustentar mi enojo quiero.)
Pues ya que todos lo saben,
tú podrás con más secreto
proseguir ese tu amor;
que en la ocasión yo me ofrezco
a ayudaros a los dos;
que Teodoro es hombre cuerdo,
y se ha criado en mi casa;
y a ti, Marcela, te tengo
la obligación que tú sabes,
y no poco parentesco.

Marcela

A tus pies tienes tu hechura.

Diana

Vete.

Marcela

Mil veces los beso.

Diana   Dejadme sola.

(Anarda aparte a Marcela.)

Anarda   (¿Qué ha sido?)

Marcela   (Enojos en mi provecho.)

Dorotea   (¿Sabe tus secretos ya?)

Marcela   (Sí sabe, y que son honestos.)

(Marcela, Dorotea y Anarda hacen tres reverencias a la condesa, y se van.)

Diana   Mil veces he advertido en la belleza,
                         gracia y entendimiento de Teodoro,
                         que a no ser desigual a mi decoro,
                         estimara su ingenio y gentileza.
                             Es el amor común naturaleza;
                         mas yo tengo mi honor por más tesoro,
                         que los respetos de quién soy adoro,
                         y aun el pensarlo tengo por bajeza.
                             La envidia bien sé yo que ha de quedarme;
                         que si la suelen dar bienes ajenos,
                         bien tengo de que pueda lamentarme,
                             porque quisiera yo que, por lo menos,
                         Teodoro fuera más, para igualarme,
                         o yo, para igualarle, fuera menos.

(Vase Diana. Salen Teodoro y Tristán.)

Teodoro   No he podido sosegar.

Tristán   Y aun es con mucha razón;

que ha de ser tu perdición
si lo llega a averiguar.
    Díjete que la dejaras
acostar, y no quisiste.

Teodoro   Nunca el amor se resiste.

Tristán   Tiras, pero no reparas.

Teodoro   Los diestros lo hacen así.

Tristán   Bien sé yo que s lo fueras,
el peligro conocieras.

Teodoro   ¿Si me conoció?

Tristán   No y sí;
    que no conoció quién eras,
y sospecha le quedó.

Teodoro   Cuando Fabio me siguió
bajando las escaleras,
    fue milagro no matalle.

Tristán   ¡Qué lindamente tiré
mi sombrero a la luz!

Teodoro   Fue
detenelle y des umbralle,
    porque si adelante pasa,
no le dejara pasar.

Tristán   Dije a la luz al bajar:
«Di que no somos de casa»;

y respondióme: «Mentís».
Alcé y tiréle el sombrero;
¿quedé agraviado?

Teodoro

                        Hoy espero
mi muerte.

Tristán

              Siempre decís
esas cosas los amantes
cuando menos pena os dan.

Teodoro

          Pues ¿qué puedo hacer, Tristán,
en peligros semejantes?

Tristán

          Dejar de amar a Marcela,
pues la condesa es mujer
que si lo llega a saber,
no te ha de valer cautela
          para no perder su casa.

Teodoro

          Y ¿no hay más sino olvidar?

Tristán

Liciones te quiero dar
de cómo el amor se pasa.

Teodoro

          ¿Ya comienzas desatinos?

Tristán

Con arte se vence todo:
oye, por tu vida, el modo
por tan fáciles caminos.
          Primeramente has de hacer
resolución de olvidar,
sin pensar que has de tornar
eternamente a querer;

que si te queda esperanza
de volver, no habrá remedio
de olvidar; que s está en medio
la esperanza, no hay mudanza.
    ¿Por qué piensas que no olvida
luego un hombre a una mujer?
Porque, pensanco volver,
va entreteniendc la vida.
    Ha de haber resolución
dentro del entendimiento,
con que cesa el movimiento
de aquella imaginación.
    ¿No has visto faltar la cuerda
de un reloj, y estarse quedas
sin movimiento las ruedas?
Pues desa suerte se acuerda
    el que tienen las potencias,
cuando la esperanza falta.

Teodoro   Y la memoria, ¿no salta
luego a hacer mil diligencias,
    despertando el sentimiento
a que del bien no se prive?

Tristán   Es enemigo que vive
asido al entendimiento,
    como dijo la canción
de aquel español poeta;
mas por eso es linda treta
vencer la imaginación.

Teodoro   ¿Cómo?

Tristán   Pensando defetos,

y no gracias; que olvidando,
defetos están pensando,
que no gracias, los discretos.
    No la imagines vestida
con tan linda proporción
de cintura, en el balcón
de unos chapines subida.
    Toda es vana arquitectura;
porque dijo un sabio un día
que a los sastres se debía
la mitad de la hermosura.
    Como se ha de imaginar
una mujer semejante,
es como un disciplinante
que le llevan a curar.
    Esto sí; que no adornada
del costoso faldellín.
Pensar defetos, en fin,
es medicina aprobada.
    Si de acordarte que veías
alguna vez una cosa
que te pareció asquerosa,
no comes en treinta días;
    acordándote, señor,
de los defetos que tiene,
si a la memoria te viene,
se te quitará el amor.

Teodoro   ¡Qué grosero cirujano!
¡Qué rústica curación!
Los remedios al fin son
como de tu tosca mano.
    Médico empírico eres;
no has estudiado, Tristán.

Yo no imagino que están
desa suerte las mujeres,
  sino todas cristalinas,
como un vidrio transparentes.

Tristán

¡Vidrio! Sí, muy bien lo sientes,
si a verlas quebrar caminas;
  mas si no piensas pensar
defetos, pensarte puedo,
porque ya he perdido el miedo
de que podrás olvidar.
  Pardiez, yo quise una vez,
con esta cara que miras,
a una alforja de mentiras,
años cinco veces diez;
  y entre otros dos mil defetos,
cierta barriga tenía,
que encerrar dentro podía,
sin otros mil parapetos,
  cuantos legajos de pliegos
algún escritorio apoya,
pues como el caballo en Troya
pudiera meter cien griegos.
  ¿No has oído que tenía
cierto lugar un nogal,
que en el tronco un oficial
con mujer y hijos cabía,
  y aun no era la casa escasa?
Pues de esa misma manera,
en esta panza cupiera
un tejedor y su casa.
  Y queriéndola olvidar
—que debió de convenirme—,
dio la memoria en decirme

que pensase en blanco azar,
    en azucena y jazmín,
en marfil, en plata, en nieve,
y en la cortina, que debe
de llamarse el faldellín,
    con que yo me deshacía.
Mas tomé más cuerdo acuerdo,
y di en pensar, como cuerdo,
lo que más le parecía;
    cestos de calabazones,
baúles viejos, maletas
de cartas para estafetas,
almofrejes y jergones;
    con que se trocó en desdén
el amor y la esperanza,
y olvidé la dicha panza
por siempre jamás amén;
    que era tal, que en los dobleces,
y no es mucho encarecer,
se pudieran esconder
cuatro manos de almireces.

Teodoro   En las gracias de Marcela
                 no hay defetos que pensar.
                 Yo no la pienso olvidar.

Tristán   Pues a tu desgracia apela,
                     y sigue tan loca empresa.

Teodoro   Toda es gracias: ¿qué he de hacer?

Tristán   Pensarlas hasta perder
                 la gracia de la condesa.

(Sale Diana.)

Diana   Teodoro

Teodoro (Aparte.)   (La misma es.)

Diana   Escucha.

Teodoro   A tu hechura manda.

Tristán (Aparte.)   (Si en averiguarlo anda,
                         de casa volamos tres.)

Diana   Hame dicho cierta amiga
                         que desconfía de sí
                         que el papel que traigo aquí
                         le escriba. A hacerlo me obliga
                            la amistad, aunque yo ignoro,
                         Teodoro, cosas de amor;
                         y que le escribas mejor
                         vengo a decirte, Teodoro.
                            Toma y léele.

Teodoro   Si aquí,
                         señora, has puesto la mano,
                         igualarle fuera en vano,
                         y fuera soberbia en mí.
                            Sin verle, pedirte quiero
                         que a esa señora le envíes.

Diana   Léele.

Teodoro   Que desconfíes
                         me espanto: aprender espero

| | estilo que yo no sé;
| | que jamás traté de amor.

Diana   ¿Jamás, jamás?

Teodoro   Con temor
de mis defetos, no amé;
   que soy muy desconfiado.

Diana   Y se puede conocer
de que no te dejas ver,
pues que te vas rebozado.

Teodoro   ¡Yo, señora! ¿Cuándo o cómo?

Diana   Dijéronme que salió
anoche acaso, y te vio
rebozado el mayordomo.

Teodoro   Andaríamos burlando
Fabio y yo, como solemos,
que mil burlas nos hacemos.

Diana   Lee, lee.

Teodoro   Estoy pensando
   que tengo algún envidioso.

Diana   Celoso podría ser.
Lee, lee.

Teodoro   Quiero ver
ese ingenio milagroso.
(Lee.)   «Amar por ver amar, envidia ha sido;

y primero que amar estar celosa
es invención de amor maravillosa,
y que por imposible se ha tenido.
    De los celos mi amor ha procedido
por pesarme que, siendo más hermosa,
no fuese en ser amada tan dichosa,
que hubiese lo que envidio merecido.
    Estoy sin ocasión desconfiada,
celosa sin amor, aunque sintiendo:
debo de amar, pues quiero ser amada.
    Ni me dejo forzar ni me defiendo;
darme quiero a entender sin decir nada:
entiéndame quien puede; yo me entiendo.»

Diana   ¿Qué dices?

Teodoro   Que si esto es
                 a propósito del dueño,
                 no he visto cosa mejor;
                 mas confieso que no entiendo
                 cómo puede ser que amor
                 venga a nacer de los celos,
                 pues que siempre fue su padre.

Diana   Porque esta dama, sospecho
                 que se agradaba de ver
                 este galán, sin deseo;
                 y viéndole ya empleado
                 en otro amor, con los celos
                 vino a amar y a desear.
                 ¿Puede ser?

Teodoro   Yo lo concedo;
                 mas ya esos celos, señora,

de algún principio nacieron,
y ése fue amor; que la causa
no nace de los efetos,
sino los efetos de ella.

Diana

No sé, Teodoro: esto siento
de esta dama, pues me dijo
que nunca al tal caballero
tuvo más que inclinación,
y en viéndole amar, salieron
al camino de su honor
mil salteadores deseos,
que le han desnudado el alma
del honesto pensamiento
con que pensaba vivir.

Teodoro

    Muy lindo papel has hecho:
yo no me atrevo a igualarle.

Diana

Entra y prueba.

Teodoro

             No me atrevo.

Diana

Haz esto, por vida mía.

Teodoro

    Vuseñoría con esto
quiere probar mi ignorancia.

Diana

Aquí aguardo: vuelve luego.

Teodoro

    Yo voy.

(Vase.)

Diana   Escucha, Tristán.

Tristán   A ver lo que mandas vuelvo,
con vergüenza destas calzas;
que el secretario, mi dueño,
anda salido estos días;
y hace mal un caballero,
sabiendo que su lacayo
le va sirviendo de espejo,
de lucero y de cortina,
en no traerle bien puesto.
Escalera del señor,
si va a caballo, un discreto,
nos llamó, pues a su cara
se sube por nuestros cuerpos.
No debe de poder más.

Diana   ¿Juega?

Tristán   ¡Pluguiera a los cielos!
Que a quien juega, nunca faltan,
de esto o de aquello, dineros.
Antiguamente os reyes
algún oficio aprendieron,
por, si en la guerra o la mar
perdían su patria y reino,
saber con qué sustentarse:
¡dichosos los que pequeños
aprendieron a jugar!
Pues en faltando, es el juego
un arte noble que gana
con poca pena el sustento.
Verás un grande pintor,
acrisolando el ingenio,

hacer una imagen viva,
y decir el otro necio
que no vale diez escudos;
y que el que juega, en diciendo
«paro», con salir la suerte,
le sale a ciento por ciento.

Diana   En fin, ¿no juega?

Tristán   Es cuitado.

Diana   A la cuenta será cierto
tener amores.

Tristán   ¡Amores!
¡Oh qué donaire! Es un hielo.

Diana   Pues un hombre de su talle,
galán, discreto y mancebo,
¿no tiene algunos amores
de honesto entretenimiento?

Tristán   Yo trato en paja y cebada,
no en papeles y requiebros.
De día te sirve aquí;
que está ocupado sospecho.

Diana   Pues ¿nunca sale de noche?

Tristán   No le acompaño; que tengo
una cadera quebrada.

Diana   ¿De qué, Tristán?

Tristán

                    Bien te puedo
responder lo que responden
las malcasadas, en viendo
cardenales en su cara
del mojicón de los celos:
«Rodé por las escaleras.»

Diana

¿Rodaste?

Tristán

                    Por largo trecho.
Con las costillas conté
los pasos.

Diana

                    Forzoso es eso,
si a la lámpara, Tristán,
le tirabas el sombrero.

Tristán (Aparte.)

(¡Oxte, puto! ¡Vive Dios,
que se sabe todo el cuento!)

Diana

¿No respondes?

Tristán

                            Por pensar
cuándo... pero ya me acuerdo:
Anoche andaban en casa
unos murciélagos negros;
el sombrero les tiraba,
fuese a la luz uno de ellos,
y acerté, por dar en el,
en la lámpara, y tan presto
por la escalera rodé,
que los dos pies se me fueron.

Diana

Todo está muy bien pensado;

pero un libro de secretos
dice que es buena la sangre
para quitar el cabello,
de esos murciélagos digo;
y haré yo sacarla luego,
si es cabello la ocasión,
para quitarla con ellos.

Tristán (Aparte.)   (¡Vive Dios, que hay chamusquina,
y que por murciegalero
me pone en una galera!)

Diana   (¡Qué traigo de pensamientos!)

(Sale Fabio.)

Fabio   Aquí está el marqués Ricardo.

Diana   Poned esas sillas luego.

(Salen Ricardo y Celio, y vanse Fabio y Tristán.)

Ricardo   Con el cuidado que el amor, Diana,
pone en un pecho que aquel fin desea
que la mayor dificultad allana,
el mismo quiere que te adore y vea:
solicito mi causa, aunque por vana
esta ambición algún contrario crea,
que dando más lugar a su esperanza,
tendrá menos amor que confianza.
    Está vuseñoría tan hermosa,
que estar buena el mirarla me asegura;
que en la mujer —y es bien pensada cosa—
la más cierta salud es la hermosura;

que en estando gallarda, alegre, airosa,
es necedad, es ignorancia pura,
llegar a preguntarle si está buena,
que todo entendimiento la condena.
    Sabiendo que lo estáis, como lo dice
la hermosura, Diana, y la alegría,
de mí, si a la razón no contradice,
saber, señora, cómo estoy querría.

Diana   Que vuestra señoría solemnice
lo que en Italia llaman gallardía
por hermosura es digno pensamiento
de su buen gusto y claro entendimiento.
    Que me pregunte cómo está, no creo
que soy tan dueño suyo que lo diga.

Ricardo   Quien sabe de mi amor y mi deseo
el fin honesto a este favor se obliga.
A vuestros deudos inclinados veo
para que en lo tratado se prosiga;
solo falta, señora, vuestro acuerdo,
porque sin él las esperanzas pierdo.
    Si, como soy señor de aquel estado
que con igual nobleza heredé agora,
lo fuera desde el sur más abrasado
a los primeros paños del aurora;
si el oro, de os hombres adorado,
las congeladas lágrimas que llora
el cielo, o los diamantes orientales
que abrieron por el mar caminos tales
    tuviera yo lo mismo os ofreciera;
y no dudéis señora, que pasara
adonde el Sol apenas luz me diera,
como a solo serviros importara:

en campañas de sal pies de madera
por las remotas aguas estampara,
hasta llegar a las australes playas,
del humano poder últimas rayas.

Diana	Creo, señor marqués, el amor vuestro;
y satisfecha de nobleza tanta,
haré tratar el pensamiento nuestro,
si al conde Federico no le espanta.

Ricardo	Bien sé que en trazas es el conde diestro,
porque en ninguna cosa me adelanta;
mas yo fío de vos que mi justicia
los ojos cegará de su malicia.

(Sale Teodoro.)

Teodoro	Ya lo que mandas hice.

Ricardo	Si ocupada
vuseñoría está, no será justo
hurtarle el tiempo.

Diana	No importara nada,
puesto que a Roma escribo.

Ricardo	No hay disgusto
como en día de cartas dilatada
visita.

Diana	Sois discreto.

Ricardo	En daros gusto.
(Aparte.)	(Celio, ¿qué te parece?)

Celio   (Que quisiera
              que ya tu justo amor premio tuviera.)

(Vanse Ricardo y Celio.)

Diana   ¿Escribiste?

Teodoro   Ya escribí,
              aunque bien desconfiado;
              mas soy mandado y forzado.

Diana   Muestra.

Teodoro   Lee.

Diana   Dice así:

(Lee.)   «Querer por ver querer envidia fuera,
              si quien lo vio sin ver amar no amara,
              porque si antes de ver, no amar pensara,
              después no amara, puesto que amar viera.
                 Amor, que lo que agrada considera
              en ajeno poder, su amor declara;
              que como la color sale a la cara,
              sale a la lengua lo que al alma altera.
                 No digo más, porque lo mis ofendo
              desde lo menos, si es que desmerezco
              porque del ser dichoso me defiendo.
                 Esto que entiendo solamente ofrezco;
              que lo que no merezco no lo entiendo,
              por no dar a entender que lo merezco.»

Diana   Muy bien guardaste el decoro.

Teodoro   ¿Búrlaste?

Diana   ¡Pluguiera a Dios!

Teodoro   ¿Qué dices?

Diana   Que de los dos,
el tuyo vence, Teodoro.

Teodoro   Pésame, pues no es pequeño
principio de aborrecer
un criado, el entender
que sabe más que su dueño.
    De cierto rey se contó
que le dijo a un gran privado:
«Un papel me da cuidado,
y si bien le he escrito yo,
    quiero ver otro de vos,
y el mejor escoger quiero.»
Escribióle el caballero,
y fue el mejor de los dos.
    Como vio que el rey decía
que era su papel mejor,
y díjole al mayor
hijo, de tres que tenía:
    «Vámonos del reino luego;
que en gran peligro estoy yo.»
El mozo le preguntó
la causa, turbado y ciego;
    y respondióle: «Ha sabido
el rey que yo sé más que él;
—que es lo que en este papel—
me puede haber sucedido».

Diana

No, Teodoro; que aunque digo
que es el tuyo más discreto,
es porque sigue el conceto
de la materia que sigo;
    y no para que presuma
tu pluma que, si me agrada,
pierdo el estar confiada
de los puntos de mi pluma.
    Fuera de que soy mujer
a cualquier error sujeta,
y no sé si muy discreta,
como se me echa de ver.
    Desde lo menos, aquí
dices que ofendes lo más;
y amando, engañado estás,
porque en amor no es así;
    que no ofende un desigual
amando, pues solo entiendo
que se ofende aborreciendo.

Teodoro

Ésa es razón natural;
    mas pintaron a Faetonte
y a Ícaro despeñados,
uno en caballos dorados,
precipitado en un monte;
    y otro, con alas de cera,
derretido en el crisol
del Sol.

Diana

No lo hiciera el Sol
si, como es Sol, mujer fuera.
    Si alguna dama quisieres
alta, sírvela y confía;

que amor no es más que porfía:
no son piedras las mujeres.
    Yo me llevo este papel;
que despacio me conviene
verle.

Teodoro   Mil errores tiene.

Diana   No hay error ninguno en él.

Teodoro   Honras mi deseo; aquí
traigo el tuyo.

Diana   Pues allá
le guarda... aunque bien será
rasgarle.

Teodoro   ¿Rasgarle?

Diana   Sí;
que no importa. ¿Que se pierda,
si se puede perder más?

(Vase.)

Teodoro   Fuése. ¿Quién pensó jamás
de mujer tan noble y cuerda
    este arrojarse tan presto
a dar su amor a entender?
Pero también puede ser
que yo me engañase en esto.
    Mas, ¿no me ha dicho jamás,
ni a lo menos se me acuerda?
«Pues ¿qué importa que se pierda,

si se puede percer más?»
    «Perder más», bien puede ser
por la mujer que decía...
—Mas todo es bachillería,
y ella es la misma mujer.
    Aunque no; que la condesa
es tan discreta y tan varia,
que es la cosa más contraria
de la ambición que profesa.
    Sírvenla príncipes hoy
en Nápoles, que no puedo
ser su esclavo. Tengo miedo,
que en grande peligro estoy.
    Ella sabe que a Marcela
sirvo, pues aquí ha fundado
el engaño y me ha burlado...
Pero en vano se recela
    mi temor, porque jamás
burlando salen colores.
¿Y el decir con mil temores
que se puede perder más?
    ¿Qué rosa, al llorar la aurora,
hizo de las hojas ojos,
abriendo los labios rojos
con risa a ver cómo llora,
    como ella los puso en mí,
bañada en púrpura y grana;
o qué pálida manzana
se esmaltó de carmesí?
    Lo que veo y lo que escucho,
yo lo juzgo (o estoy loco)
para ser de veras poco,
y para de burlas mucho.
    Mas teneos, pensamiento,

que os vais ya tras la grandeza,
aunque si digo belleza,
bien sabéis vos que no miento;
  que es bellísima Diana,
y en discreción sin igual.

(Sale Marcela.)

Marcela   ¿Puedo hablarte?

Teodoro   Ocasión tal
mil imposibles allana;
  que por ti, Marcela mía,
la muerte me es agradable.

Marcela   Como yo te vea y hable
dos mil vidas perdería.
Estuve esperando el día.
como el pajarillo solo;
y cuando vi que en el polo
que Apolo más presto dora,
le despertaba la aurora,
dije: «Yo veré mi Apolo».
  Grandes cosas han pasado;
que no se quiso acostar
la condesa hasta dejar
satisfecho su cuidado.
Amigas que han envidiado
mi dicha con deslealtad,
le han contado la verdad;
que entre quien sirve, aunque veas
que hay amistad, no lo creas,
porque es fingida amistad.
  Todo lo sabe en efeto;

que si es Diana la Luna,
siempre a quien ama importuna,
salió y vio nuestro secreto.
Pero será, te prometo,
para mayor bien, Teodoro;
que del honesto decoro
con que tratas de casarte
le di parte, y dije aparte
cuán tiernamente te adoro.
    Tus prendas le encarecí
tu estilo, tu gentileza;
y ella entonces su grandeza
mostró tan piadosa en mí,
que se alegró de que en ti
hubiese los ojos puesto,
y de casarnos muy presto
palabra también me dio,
luego que de mí entendió
que era tu amor tan honesto.
    Yo pensé que se enojara
y la casa revolviera,
que a los dos nos despidiera
y a los demás castigara;
mas su sangre ilustre y clara,
y aquel ingenio en efeto
tan prudente y tan perfeto,
conoció lo que mereces.
¡Oh, bien haya amén mil veces
quien sirve a señor discreto!

Teodoro   ¿Que casarme prometió
contigo?

Marcela   Pues ¿pones duda

que a su ilustre sangre acuda?

Teodoro (Aparte.)   (Mi ignorancia me engañó.
¡Qué necio pensaba yo
que hablaba en mí la condesa!
De haber pensado me pesa
que pudo tenerme amor;
que nunca tan alto azor
se humilla a tan baja presa.)

Marcela   ¿Qué murmuras entre ti?

Teodoro   Marcela, conmigo habló;
pero no se declaró
en darme a entender que fui
el que embozado salí
anoche de su aposento.

Marcela   Fue discreto pensamiento,
por no obligarse al castigo
de saber que hablé contigo,
si no lo es el casamiento;
   que el castigo más piadoso
de dos que se quieren bien
es casarlos.

Teodoro   Dices bien,
y el remedio más honroso.

Marcela   ¿Querrás tú?

Teodoro   Seré dichoso.

Marcela   Confírmalo.

Teodoro
                        Con los brazos,
            que son los rasgos y lazos,
            de la pluma del amor,
            pues no hay rúbrica mejor
            que la que firman los brazos.

(Sale Diana.)

Diana
              Esto se ha enmendado bien.
            Agora estoy muy contenta;
            que siempre a cuien reprehende
            da gran gusto ver la enmienda.
            No os turbéis ni os alteréis.

Teodoro
               Dije, señora, a Marcela
            que anoche salí de aquí
            con tanto disgusto y pena
            de que vuestra señoría
            imaginase en su ofensa
            este pensamiento honesto
            para casarme con ella
            que me he pensado morir;
            y dándome por respuesta
            que mostrabas en casarnos
            tu piedad y tu grandeza,
            dile mis brazos; y advierte
            que si mentirte quisiera,
            no me faltara un engaño;
            pero no hay cosa que venza,
            como decir la verdad,
            a una persona discreta.

Diana   Teodoro, justo castigo

la deslealtad mereciera
de haber perdido el respeto
a mi casa; y la nobleza
que usé anoche con los dos
no es justo que parte sea
a que os atreváis así;
que en llegando a desvergüenza
el amor, no hay privilegio
que al castigo le defienda.
Mientras no os casáis los dos,
mejor estará Marcela
cerrada en un aposento;
que no quiero yo que os vean
juntos las demás criadas,
y que por ejemplo os tengan
para casárseme todas.
¡Dorotea! ¡Ah Dorotea!

(Sale Dorotea.)

Dorotea   Señora...

Diana   Toma esta llave,
y en mi propia cuadra encierra
a Marcela; que estos días
podrá hacer labor en ella.
No diréis que esto es enojo.

Dorotea (Aparte.)   (¿Qué es esto, Marcela?)

Marcela   (Fuerza
de un poderoso tirano
y una rigurosa estrella.
Enciérrame por Teodoro.)

Dorotea   (Cárcel aquí no a temas,
                           y para puertas de celos
                           tiene amor llave maestra.)

(Vanse Marcela y Dorotea.)

Diana   En fin, Teodoro, ¿tú quieres
                           casarte?

Teodoro   Yo no quisiera
                           hacer cosa sin tu gusto;
                           y créeme, que mi ofensa
                           no es tanta como te han dicho;
                           que bien sabes que con lengua
                           de escorpión pintan la envidia;
                           y que si Ovidio supiera
                           qué era servir no en los campos,
                           no en las montañas desiertas
                           pintara su oscura casa;
                           que aquí habita y aquí reina.

Diana   Luego ¿no es verdad que quieres
                           a Marcela?

Teodoro   Bien pudiera
                           vivir sin Marcela yo.

Diana   Pues díceme que por ella
                           pierdes el seso.

Teodoro   Es tan poco,
                           que no es mucho que le pierda;
                           mas crea vuseñoría

que, aunque Marcela merezca
esas finezas en mí,
no ha habido tantas finezas.

Diana   Pues ¿no le has dicho requiebros
tales que engañar pudieran
a mujer de más valor?

Teodoro   Las palabras poco cuestan.

Diana   ¿Qué le has dicho, por mi vida?
¿Cómo, Teodoro, requiebran
los hombres a las mujeres?

Teodoro   Como quien ama y quien ruega,
vistiendo de mil mentiras
una verdad, y ésa apenas.

Diana   Sí; pero ¿con qué palabras?

Teodoro   Extrañamente me aprieta
vuseñoría. «Esos ojos,
le dije, esas niñas bellas,
son luz con que ven los míos;
y los corales y perlas
de esa boca celestial...»

Diana   ¿Celestial?

Teodoro   Cosas como éstas
son la cartilla, señora,
de quien ama y quien desea.

Diana   Mal gusto tienes, Teodoro.

No te espantes de que pierdas
hoy el crédito conmigo,
porque sé yo que en Marcela
hay mis defetos que gracias,
como la miro más cerca.
Sin esto, porque no es limpia,
no tengo pocas pendencias
con ella... Pero no quiero
desenamorarte de ella;
que bien pudiera decirte
cosas... Pero aquí se quedan
sus gracias o sus desgracias;
que yo quiero cue la quieras,
y que os caséis en buen hora.
Mas pues de amador te precias,
dame consejo, Teodoro,
así a Marcela poseas,
para aquella amiga mía,
que ha días que no sosiega
de amores de un hombre humilde.
Porque si en quererle piensa,
ofende su autoridad;
y si de quererle deja,
pierde el juicio de celos;
que el hombre, que no sospecha
tanto amor, anda cobarde,
aunque es discreto, con ella.

Teodoro   Yo, señora, ¿sé de amor?
No sé, por Dios, cómo pueda
aconsejarte.

Diana   ¿No quieres,
como dices, a Marcela?

¿No le has dicho esos requiebros?
Tuvieran lenguas las puertas,
que ellas dijeran...

Teodoro   No hay cosa
que decir las puertas puedan.

Diana   Ea, que ya te sonrojas,
y lo que niega la lengua,
confiesas con las colores.

Teodoro   Si ella te lo ha dicho, es necia.
Una mano le tomé,
y no me quedé con ella,
que luego se la volví;
no sé yo de qué se queja.

Diana   Sí, pero hay manos que son
como la paz de la Iglesia,
que siempre vuelven besadas.

Teodoro   Es necísima Marcela.
Es verdad que me atreví
pero con mucha vergüenza,
a que templase la boca
con nieve y con azucenas.

Diana   ¿Con azucenas y nieve?
Huelgo de saber que templa
ese emplasto el corazón.
Ahora bien, ¿qué me aconsejas?

Teodoro   Que si esa dama que dices
hombre tan bajo desea,

y de quererle resulta
a su honor tanta bajeza,
haga que con un engaño,
sin que la conozca, pueda
gozarle.

Diana   Queda el peligro
de presumir que lo entienda.
¿No será mejor matarle?

Teodoro   De Marco Aurelio se cuenta
que dio a su mujer Faustina,
para quitarle la pena,
sangre de un esgrimidor;
pero estas romanas pruebas
son buenas entre gentiles.

Diana   Bien dices; que no hay Lucrecias;
ni Torcatos ni Virginios
en esta edad; y en aquélla
hubo Faustinas, Teodoro,
Mesalinas y Popeas.
Escríbeme algún papel
que a este propósito sea,
y queda con Dios.

(Cae.)

                         ¡Ay Dios!
Caí. ¿Qué me miras? Llega,
dame la mano.

Teodoro   El respeto
me detuvo de ofrecella.

Diana

          ¡Qué graciosa grosería!
          ¡Que con la capa la ofrezcas!

Teodoro

             Así cuando vas a misa
          te la da Otavio.

Diana

                    Es aquella
mano que yo no le pido,
y debe de haber setenta
años que fue mano, y viene
amortajada por muerta.
Aguardar quien ha caído
a que se vista de seda,
es como ponerse un jaco
quien ve al amigo en pendencia;
que mientras baja, le han muerto.
Demás que no es bien que tenga
nadie por más cortesía,
aunque melindres lo aprueban,
que una mano, si es honrada,
traiga la cara cubierta.

Teodoro

             Quiero estimar la merced
que me has hecho.

Diana

                  Cuando seas
escudero, la darás
en el ferreruelo envuelta;
que agora eres secretario:
con que te he dicho que tengas
secreta aquesta caída,
si levantarte deseas.

(Vase.)

Teodoro   ¿Puedo creer que aquesto es verdad? Puedo,
si miro que es mujer Diana hermosa.
Pidió mi mano, y la color de rosa,
al dársela, robó del rostro el miedo.
     Tembló, yo lo sentí: dudoso quedo.
¿Qué haré? Seguir mi suerte venturosa;
si bien, por ser la empresa tan dudosa,
niego al temor lo que al valor concedo.
     Mas dejar a Marcela es caso injusto;
que las mujeres no es razón que esperen
de nuestra obligación tanto disgusto.
     Pero si ellas nos dejan cuando quieren
por cualquiera interés o nuevo gusto,
mueran también como los hombres mueren.

Fin de la primera jornada

Jornada segunda

(Salen el Conde Federico y Leonido.)

Federico   ¿Aquí la viste?

Leonido   Aquí entró,
como el alba por un prado,
que a su tapete bordado
la primera luz le dio;
   y según la devoción,
no pienso que tardarán;
que conozco al capellán
y es más breve que es razón.

Federico   ¡Ay si la pudiese hablar!

Leonido   Siendo tú su primo, es cosa
acompañarla forzosa.

Federico   El pretenderme casar
   ha hecho ya sospechoso
mi parentesco Leonido;
que antes de haberla querido
nunca estuve temeroso.
   Verás que un hombre visita
una dama libremente
por conocido o pariente,
mientras no la solicita;
   pero en llegando a querella,
aunque de todos se guarde,
menos entra, y más cobarde,
y apenas habla con ella.
   Tal me ha sucedido a mí

con mi prima la condesa;
tanto, que de amar me pesa,
pues lo más del bien perdí,
    pues me estaba mejor vella
tan libre como solía.

(Salen Ricardo y Celio, que se quedan lejos de Federico y Leonido.)

Celio   A pie digo que salía,
y alguna gente con ella.

Ricardo   Por estar la iglesia enfrente,
y por preciarse del talle,
ha querido honrar la calle.

Celio   ¿No has visto por el oriente
    salir serena mañana
el Sol con mil rayos de oro,
cuando dora el blanco Toro
que pace campos de grana,
    que así llamaba un poeta
los primeros arreboles?
Pues tal salió con dos soles,
más hermosa y más perfeta,
    la bellísima Diana,
la condesa de Belflor.

Ricardo   Mi amor te ha vuelto pintor
de tan serena mañana;
    y hácesla Sol con razón,
porque el Sol en sus caminos
va pasando varios sinos,
que sus pretendientes son.
    Mira que allí Federico

aguarda sus rayos de oro.

Celio

¿Cuál de los dos será el toro
a quien hoy al Sol aplico?

Ricardo

Él, por primera aflicción,
aunque del nombre se guarde,
que yo, por entrar más tarde,
seré el signo del león.

Federico

¿Es aquél Ricardo?

Leonido

Él es.

Federico

Fuera maravilla rara
que de este puesto faltara.

Leonido

Gallardo viene el marqués.

Federico

No pudieras decir más,
si tú fueras el celoso.

Leonido

¿Celos tienes?

Federico

¿No es forzoso?
De alabarle me los das.

Leonido

Si a nadie quiere Diana,
¿de qué los puedes tener?

Federico

De que le puede querer;
que es mujer

Leonido

Sí, mas tan vana,

tan altiva y desdeñosa,
que a todos os asegura.

Federico   Es soberbia la hermosura.

Leonido   No hay ingratitud hermosa.

Celio   Diana sale, señor.

Ricardo   Pues tendrá mi noche día.

Celio   ¿Hablarásla?

Ricardo   Eso querría,
si quiere el competidor.

(Salen Diana, Otavio, Fabio; y detrás, Marcela, Dorotea y Anarda, con mantos.
Federico a Diana.)

Federico   Aquí aguardaba con deseo de veros

Diana   Señor conde, seáis muy bien hallado.

Ricardo   Y yo, señora, con el mismo agora
a acompañaros vengo y a serviros.

Diana   Señor marqués, ¿qué dicha es esta mía?
¡Tanta merced!

Ricardo   Bien debe a mi deseo
vuseñoría este cuidado.

(Federico a su criado Leonido.)

Federico   Creo
                    que no soy bien mirado y admitido.

Leonido   Háblala; no te turbes.

Federico   ¡Ay Leonido!
                    Quien sabe que no gustan de escuchalle,
                    ¿de qué te admiras que se turbe y calle?

(Vanse. Sale Teodoro.)

Teodoro   Nuevo pensamiento mío,
                    desvanecido en el viento,
                    que con ser mi pensamiento,
                    de veros volar me río,
                    parad, detened el brío,
                    que os detengo y os provoco;
                    porque si el intento es loco,
                    de los dos lo mismo escucho,
                    aunque donde el premio es mucho,
                    el atrevimiento es poco.
                        Y si por disculpa dais
                    que es infinito el que espero,
                    averigüemos primero,
                    pensamiento, en qué os fundáis.
                    Vos a quien servís amáis;
                    diréis que ocasión tenéis,
                    si a vuestros ojos creéis;
                    pues, pensamiento, decildes
                    que sobre pajas humildes
                    torres de diamante hacéis.
                        Si no me sucede bien,
                    quiero culparos a vos;
                    mas teniéndola los dos,

no es justo que culpa os den;
que podréis decir también
cuando del alma os levanto,
y de la altura me espanto
donde el amor os subió,
que el estar tan bajo yo
os hace a vos subir tanto.
　　Cuando algún hombre ofendido,
al que le ofende defiende,
que dio la ocasión se entiende.
Del daño que os ha venido,
sed en buen hora atrevido;
que aunque los dos nos perdamos,
esta disculpa llevamos:
que vos os perdéis por mí
y que yo tras vos me fui,
sin saber adónde vamos.
　　Id en buen hora, aunque os den
mil muertes por atrevido;
que no se llama perdido
el que se pierde tan bien.
Como a otros dan parabién
de lo que hallan, estoy tal,
que de perdición igual
os le doy; porque es perderse
tan bien, que puede tenerse
envidia del mismo mal.

(Sale Tristán.)

Tristán　　　　　　　　Si en tantas lamentaciones
cabe un papel de Marcela,
que contigo se consuela
de sus pasadas prisiones,

bien te le daré sin porte,
porque a quien no ha menester
nadie le procura ver,
a la usanza de la corte.
    Cuando está en alto lugar
un hombre (y ¡qué bien lo imitas!),
¡qué le vienen de visitas
a molestar y a enfadar!
    Pero si mudó de estado,
como es la fortuna incierta,
todos huyen de su puerta
como si fuese apestado.
    ¿Parécete que lavemos
en vinagre este papel?

Teodoro   Contigo, necio, y con él
entrambas cosas tenemos.
    Muestra; que vendrá lavado,
si en tus manos ha venido.
(Lee.)   «A Teodoro, mi marido.»
¿Marido? ¡Qué necio enfado!
    ¡Qué necia cosa!

Tristán   Es muy necia.

Teodoro   Pregúntale a mi ventura
si, subida a tanta altura,
esas mariposas precia.

Tristán   Léele, por vida mía,
aunque ya estés tan divino;
que no hace desprecio el vino
de los mosquitos que cría;
    que yo sé cuando Marcela,

que llamas ya mariposa,
era águila caudalosa.

Teodoro   El pensamiento, que vuela
a los mismos cercos de oro
del Sol, tan baja la mira,
que aun de que la ve se admira.

Tristán   Hablas con justo decoro
mas ¿qué haremos del papel?

Teodoro   Esto.

Tristán   ¿Rasgástele?

Teodoro   Sí.

Tristán   ¿Por qué, señor?

Teodoro   Porque así
respondí más presto a él.

Tristán   Ése es injusto rigor.

Teodoro   Ya soy otro; no te espantes.

Tristán   Basta; que sois los amantes
boticarios del amor;
que, como ellos las recetas,
vais ensartando papeles.
Récipe celos crueles,
agua de azules violetas.
Récipe un desdén extraño,
Sirupi del borrajorum,

con que la sangre templorum,
para asegurar el daño.
    Récipe ausencia: tomad
un emplasto para el pecho;
que os hiciera más provecho
estaros en la ciudad.
    Récipe de matrimonio:
allí es menester jarabes,
y tras diez días suaves
purgalle con antimonio.
    Récipe signum celeste,
que Capricornio dicetur:
ese enfermo morietur,
si no es que paciencia preste.
    Récipe que de una tienda
joya o vestido sacabis:
con tabletas confortabis
la bolsa que tal emprenda.
    A esta traza, finalmente,
van todo el año ensartando.
Llega la paga: en pagando,
o viva o muera el doliente,
    se rasga todo papel.
Tú la cuenta has acabado,
y el de Marcela has rasgado
sin saber lo que hay en él.

Teodoro   Ya tú debes de venir
con el vino que otras veces.

Tristán   Pienso que te desvaneces
con lo que intentas subir.

Teodoro   Tristán, cuantos han nacido

su ventura han de tener;
no saberla conocer
es el no haberla tenido.
   O morir en la porfía,
o ser conde de Belflor.

Tristán   César llamaron, señor,
a aquel duque que traía
   escrito por gran blasón:
«César o nada»; y en fin
tuvo tan contrario el fin,
que al fin de su pretensión
   escribió una pluma airada:
«César o nada, dijiste,
y todo, César, lo fuiste,
pues fuiste César y nada.»

Teodoro   Pues tomo, Tristán, la empresa,
y haga después la fortuna
lo que quisiere.

(Salen Marcela y Dorotea, sin reparar en Teodoro y Tristán.)

Dorotea   Si a alguna,
de tus desdichas le pesa,
   de todas las que servimos
a la condesa, soy yo.

Marcela   En la prisión que me dio,
tan justa amistad hicimos,
   y yo me siento obligada
de suerte, mi Dorotea,
que no habrá amiga que sea
más de Marcela estimada.

                    Anarda piensa que yo
                    no sé cómo quiere a Fabio.
                    Pues della nació mi agravio;
                    que a la condesa contó
                        los amores de Teodoro.

Dorotea   Teodoro está aquí.

Marcela   ¡Mi bien!...

Teodoro   Marcela, el paso detén.

Marcela   ¿Cómo, mi bien, si te adoro,
                        cuando a mis ojos te ofreces?

Teodoro   Mira lo que haces y dices;
                    que en palacio los tapices
                    han hablado muchas veces.
                        ¿De qué piensas que nació
                    hacer figuras en ellos?
                    De avisar que detrás dellos
                    siempre algún vivo escuchó.
                        Si un mudo viendo matar
                    a un rey, su padre, dio voces,
                    figuras que no conoces
                    pintadas sabrán hablar.

Marcela   ¿Has leído mi papel?

Teodoro   Sin leerle le he rasgado;
                    que estoy tan escarmentado,
                    que rasgué mi amor con él.

Marcela   ¿Son los pedazos aquéstos?

Teodoro   Sí, Marcela.

Marcela   Y ya ¿mi amor
          has rasgado?

Teodoro   ¿No es mejor
          que vernos por puntos puestos
             en peligros tan extraños?
          Si tú de mi intento estás,
          no tratemos desto más
          para excusar tantos daños.

Marcela   ¿Qué dices?

Teodoro   Que estoy dispuesto
          a no darle más enojos
          a la condesa.

Marcela   En los ojos
          tuve muchas veces puesto
             el temor desta verdad.

Teodoro   Marcela, queda con Dios.
          Aquí acaba de los dos
          el amor, no el amistad.

Marcela   ¡Tú dices eso, Teodoro,
          a Marcela!

Teodoro   Yo lo digo;
          que soy de quietud amigo,
          y de guardar el decoro
             a la casa que me ha dado

el ser que tengo.

Marcela   Oye, advierte.

Teodoro   Déjame.

Marcela   ¿De aquesta suerte
me tratas?

Teodoro   ¡Qué necio enfado!

(Vase.)

Marcela   ¡Ah, Tristán, Tristán!

Tristán   ¿Qué quieres?

Marcela   ¿Qué es esto?

Tristán   Una mudancita
que a las mujeres imita
Teodoro.

Marcela   ¿Cuáles mujeres?

Tristán   Unas de azúcar y miel.

Marcela   Dile...

Tristán   No me digas nada;
que soy vaina desta espada,
nema de aqueste papel,
   caja de aqueste sombrero,
fieltro deste caminante,

mudanza deste danzante,
día deste vario hebrero,
   sombra deste cuerpo vano,
posta de aquesta estafeta,
rastro de aquesta cometa,
tempestad deste verano;
   y finalmente, yo soy
la uña de aqueste dedo,
que en cortándome, no puedo
decir que con él estoy.

(Vase.)

Marcela   ¿Qué sientes desto?

Dorotea   No sé;
                 que a hablar no me atrevo.

Marcela   ¿No?
                 Pues yo hablaré.

Dorotea   Pues yo no.

Marcela   Pues yo sí.

Dorotea   Mira que fue
                   bueno el aviso, Marcela,
                 de los tapices que miras.

Marcela   Amor en celosas iras
                 ningún peligro recela.
                   A no saber cuán altiva
                 es la condesa, dijera
                 que Teodoro en algo espera,

porque no sin causa priva
  tanto estos días Teodoro...

Dorotea

Calla; que estás enojada.

Marcela

...mas yo me veré vengada.
Ni soy tan necia, que ignoro
  las tretas de hacer pesar.

(Sale Fabio.)

Fabio

¿Está el secretario aquí?

Marcela

¿Es por burlarte de mí?

Fabio

Por Dios, que le ando a buscar;
  que le llama mi señora.

Marcela

Fabio, que sea o no sea,
pregúntale a Dorotea
cuál puse a Teodoro agora.
  ¿No es majadero cansado
este secretario nuestro?

Fabio

¡Qué engaño tan necio el vuestro!
¿Querréis que esté deslumbrado
  de lo que los dos tratáis?
¿Es concierto de los dos?

Marcela

¿Concierto? ¡Bueno!

Fabio

                Por Dios,
que pienso que me engañáis.

Marcela   Confieso, Fabio, que oí
                 las locuras de Teodoro;
                 mas yo sé que a un hombre adoro,
                 harto parecido a ti.

Fabio   ¿A mí?

Marcela   Pues ¿no te pareces
                 a ti?

Fabio   Pues, ¿a mí Marcela?

Marcela   Si te hablo con cautela,
                 Fabio, si no me enloqueces,
                   si tu talle no me agrada,
                 si no soy tuya, mi Fabio,
                 máteme el mayor agravio,
                 que es el querer despreciada.

Fabio   Es engaño conocido,
                 o tú te quieres morir,
                 pues quieres restituír
                 el alma que me has debido.
                   Si es burla o es invención,
                 ¿a qué camina tu intento?

Dorotea   Fabio, ten atrevimiento
                 y aprovecha la ocasión;
                   que hoy te ha de querer Marcela
                 por fuerza.

Fabio   Por voluntad
                 fuera amor, fuera verdad.

Dorotea

Teodoro mis alto vuela;
    de Marcela se descarta.

Fabio

Marcela, a buscarle voy.
Bueno en sus desdenes soy,
si amor te convierte en carta,
    el sobrescrito a Teodoro,
y en su ausencia denla a Fabio.
Mas yo perdono el agravio,
aunque ofenda mi decoro,
    y de espacio te hablaré,
siempre tuyo en bien o en mal.

(Vase.)

Dorotea

¿Qué has hecho?

Marcela

                        No sé; estoy tal
que de mí misma no sé.
    Anarda ¿no quiere a Fabio?

Dorotea

Sí quiere.

Marcela

                    Pues de los dos
me vengo: que amor es dios
de la envidia y del agravio.

(Salen Diana y Anarda. Aparte.)

Diana

        (Ésta ha sido la ocasión;
no me reprehendas más.)

Anarda

(La disculpa que me das
me ha puesto en más confusión.

Marcela está aquí, señora,
hablando con Dorotea.)

Diana

(Pues no hay disgusto que sea
para mi mayor agora.)
  Salte allá fuera, Marcela.

Marcela

Vamos, Dorotea, de aquí.
(Bien digo yo que de mí
o se enfada o se recela.)

(Vanse Marcela y Dorotea.)

Anarda

¿Puédote hablar?

Diana

Ya bien puedes.

Anarda

Los dos que de aquí se van
ciegos de tu amor están;
tú en desdeñarlos, excedes
  la condición de Anajarte,
la castidad de Lucrecia;
y quien a tantos desprecia.

Diana

Ya me canso de escucharte.

Anarda

  ¿Con quién se piensa casar?
¿No puede el marqués Ricardo,
por generoso y gallardo,
si no exceder, igualar
  al más poderoso y rico?
Y la más noble mujer,
¿también no lo puede ser
de tu primo Federico?

                   ¿Por qué los has despedido
                   con tan extraño desprecio?

Diana   Porque uno es loco, otro necio,
                   y tú, en no haberme entendido,
                      más, Anarda, que los dos.
                   No los quiero, porque quiero,
                   y quiero porque no espero
                   remedio.

Anarda   ¡Válame Dios!
                       ¿Tú quieres?

Diana   ¿No soy mujer?

Anarda   Sí, pero imagen de hielo,
                   donde el mismo Sol del cielo
                   podrá tocar y no arder.

Diana   Pues esos hielos, Anarda,
                   dieron todos a los pies
                   de un hombre humilde.

Anarda   ¿Quién es?

Diana   La vergüenza me acobarda,
                      que de mi propio valor
                   tengo: no diré su nombre;
                   basta que sepas que es hombre
                   que puede infamar mi honor.

Anarda   Si Pasifé quiso un toro,
                   Semíramis un caballo,
                   y otras los monstruos que callo

por no infamar su decoro,
   ¿qué ofensa te puede hacer
querer hombre, sea quien fuere?

Diana

Quien quiere puede, si quiere,
como quiso, aborrecer.
   Esto es lo mejor: yo quiero
no querer.

Anarda

                ¿Podrás?

Diana

                    Podré;
que si cuando quise amé,
no amar en queriendo espero.

(Tocan dentro.)

        ¿Quién canta?

Anarda

              Fabio con Clara.

Diana

¡Ojalá que me diviertan!

Anarda

Música y amor conciertan
bien; en la canción repara.

(Cantan dentro.)

Música

«Oh quién pudiera hacer, oh quién hiciese
que en no queriendo amar aborreciese!
¡Oh quién pudiera hacer, oh quién hiciera
que en no queriendo amar aborreciera!»

Anarda

      ¿Qué te dice la canción?

            ¿No ves que te contradice?

Diana   Bien entiendo lo que dice;
            mas yo sé mi condición,
              y sé que estará en mi mano,
            como amar, aborrecer.

Anarda   Quien tiene tanto poder
            pasa del límite humano.

(Sale Teodoro.)

Teodoro   Fabio me ha dicho, señora,
            que le mandaste buscarme.

Diana   Horas ha que te deseo.

Teodoro   Pues ya vengo a que me mandes,
            y perdona si he faltado.

Diana   Ya has visto a estos dos amantes...
            estos dos mis pretendientes.

Teodoro   Sí, señora.

Diana   Buenos talles
            tienen los dos.

Teodoro   Y muy buenos.

Diana   No quiero determinarme
            sin tu consejo. ¿Con cuál
            te parece que me case?

Teodoro   Pues ¿qué consejo, señora,
               puedo yo en las cosas darte
               que consisten en tu gusto?
               Cualquiera que quieras darme
               por dueño, será el mejor.

Diana   Mal pagas el estimarte
               por consejero, Teodoro,
               en caso tan importante.

Teodoro   Señora, en casa, ¿no hay viejos
               que entienden de casos tales?
               Otavio, tu mayordomo,
               con experiencia lo sabe,
               fuera de su larga edad.

Diana   Quiero yo que a ti te agrade
               el dueño que has de tener.
               ¿Tiene el marqués mejor talle
               que mi primo?

Teodoro   Sí, señora.

Diana   Pues elijo al marqués: parte,
               y pídele las albricias.

(Vanse la condesa Diana y Anarda.)

Teodoro   ¿Hay desdicha semejante?
               ¿Hay resolución tan breve?
               ¿Hay mudanza tan notable?
               ¿Estos eran los intentos
               que tuve? ¡Oh, Sol abrasadme
               las alas con que subí,

pues vuestro rayo deshace
las más atrevidas plumas
a la belleza de un ángel!
Cayó Diana en su error.
¡Oh, qué mal hice en fiarme
de una palabra amorosa!
¡Ay! ¿Cómo entre desiguales
mal se concierta el amor!
Pero ¿es mucho que me engañen
aquellos ojos a mí,
si pudieran ser bastantes
a hacer engaños a Ulises?
De nadie puedo quejarme,
sino de mí. Pero en fin,
¿qué pierdo cuando me falte?
Haré cuenta que he tenido
algún accidente grave,
y que mientras me duró,
imaginé disparates.
No más; despedíos de ser,
oh pensamiento arrogante,
conde de Belflor; volved
la proa a la antigua margen;
queramos nuestra Marcela;
para vos Marcela baste.
Señoras busquen señores;
que amor se engendra de iguales;
y pues en aire nacistes,
quedad convertido en aire;
que donde méritos faltan,
los que piensan subir, caen.

(Sale Fabio.)

| Fabio | ¿Hablaste ya con mi señora? |

| Teodoro | Agora,
Fabio, la hablé, y estoy con gran contento,
porque ya la condesa mi señora
rinde su condición al casamiento.
Los dos que viste, cada cual la adora;
mas ella, con su raro entendimiento,
al marqués escogió. |

| Fabio | Discreta ha sido. |

| Teodoro | Que gane las albricias me ha pedido;
mas yo, que soy tu amigo, quiero darte,
Fabio, aqueste provecho: parte presto,
y pídelas por mí. |

| Fabio | Si debo amarte,
muestra la obligación en que me has puesto.
Voy como un rayo, y volveré a buscarte,
satisfecho de ti, contento desto.
Y alábese el marqués; que ha sido empresa
de gran valor rendirse la condesa. |

(Vase. Sale Tristán.)

| Tristán | Turbado a buscarte vengo.
¿Es verdad lo que me han dicho? |

| Teodoro | ¡Ay, Tristán! Verdad será,
si son desengaños míos. |

| Tristán | Ya, Teodoro, en las dos sillas
los dos batanes he visto |

que molieron a Diana;
pero que hubiese elegido,
hasta agora no lo sé.

Teodoro   Pues, Tristán, agora vino
ese tornasol mudable,
esa veleta, ese vidrio,
ese río junto al mar,
que vuelve atrás, aunque es río;
esa Diana, esa Luna,
esa mujer, ese hechizo,
ese monstruo de mudanzas,
que solo perderme quiso
por afrentar sus vitorias;
y que dijese me dijo
cuál de los dos me agradaba;
porque sin consejo mío
no se pensaba casar.
Quedé muerto, y tan perdido,
que no responder locuras
fue de mi locura indicio.
Díjome, en fin, que el marqués
le agradaba, y que yo mismo
fuese a pedir las albricias.

Tristán   Ella, en fin, ¿tiene marido?

Teodoro   El marqués Ricardo.

Tristán   Pienso
que, a no verte sin juicio,
y porque dar aflicción
no es justo a los afligidos,
que agora te diera vaya

de aquel pensamiento altivo
con que a ser conde aspirabas.

Teodoro

Si aspiré, Tristán, ya expiro.

Tristán

La culpa tienes de todo.

Teodoro

No lo niego; que yo he sido
fácil en creer los ojos
de una mujer.

Tristán

Yo te digo
que no hay vasos de veneno
a los mortales sentidos,
Teodoro, como los ojos
de una mujer.

Teodoro

De corrido,
te juro, Tristán, que apenas
puedo levantar los míos.
Esto pasó, y el remedio
es sepultar en olvido
el suceso y el amor.

Tristán

¿Que arrepentido y contrito
has de volver a Marcela?

Teodoro

Presto seremos amigos.

(Sale Marcela, sin reparar en Teodoro y Tristán.)

Marcela

¡Qué mal que finge amor quien no la tiene!
¡qué mal puede olvidarse amor de un año,
pues mientras más el pensamiento engaño,

más atrevido a la memoria viene!
    Pero si es fuerza y al honor conviene,
remedio suele ser del desengaño
curar el propio amor amor extraño;
que no es poco remedio el que entretiene.
    Mas ¡ay! que imaginar que puede amarse
en medio de otro amor, es atreverse
a dar mayor venganza por vengarse.
    Mejor es esperar que no perderse;
que suelen alguna vez, pensando helarse
amor, con los remedios encenderse.

Teodoro   Marcela...

Marcela   ¿Quién es?

Teodoro   Yo soy.
                 ¿Así te olvidas de mí?

Marcela   Y tan olvidada estoy,
                 que a no imaginar en ti
                 fuera de mí misma voy.
                     Porque si en mí misma fuera,
                 te imaginara y te viera;
                 que para no imaginarte,
                 tengo el alma en otra parte,
                 aunque olvidarte no quiera.
                     ¿Cómo me osaste nombrar?
                 ¿Cómo cupo en esa boca
                 mi nombre?

Teodoro   Quise probar
                 tu firmeza, y es tan poca,
                 que no me ha dado lugar.

          Ya dicen que se empleó
          tu cuidado en un sujeto
          que mi amor sustituyó.

Marcela   Nunca, Teodoro, el discreto
          mujer ni vidrio probó.
              Mas no me des a entender
          que prueba quisiste hacer;
          yo te conozco, Teodoro:
          unos pensamientos de oro
          te hicieron enloquecer.
              ¿Cómo te va? ¿No te salen
          como tú los imaginas?
          ¿No te cuestan lo que valen?
          ¿No hay dichas que las divinas
          partes de tu dueño igualen?
              ¿Qué ha sucedido? ¿Qué tienes?
          Turbado, Teodoro, vienes.
          ¿Mudóse aquel vendaval?
          ¿Vuelves a buscar tu igual,
          o te burlas y entretienes?
              Confieso que me holgaría
          que dieses a mi esperanza,
          Teodoro, un alegre día.

Teodoro   Si le quieres con venganza,
          ¿qué mayor, Marcela mía?
              Pero mira que el amor
          es hijo de la nobleza;
          no muestres tanto rigor;
          que es la venganza bajeza
          indigna del vencedor.
              Venciste: yo vuelvo a ti,
          Marcela; que no salí

con aquel mi pensamiento.
Perdona el atrevimiento,
si ha quedado amor en ti.
    No porque no puede ser
proseguir las esperanzas
con que te pude ofender
mas porque en estas mudanzas
memorias me hacen volver.
    Sean, pues, estas memorias
parte a despertar la tuya,
pues confieso tus vitorias.

Marcela   No quiera Dios que destruya
los principios de tus glorias.
    Sirve, bien haces, porfía,
no te rindas; que dirá
tu dueño que es cobardía.
Sigue tu dicha; que ya
voy prosiguiendo la mía.
    No es agravio amar a Fabio,
pues me dejaste, Teodoro,
sino el remedio más sabio;
que aunque el dueño no mejoro,
basta vengar el agravio.
    Y cuédate a Dios; que ya
me cansa el hablar contigo;
no venga Fabio, que está
medio casado conmigo.

Teodoro   Tenla, Tristán; que se va.

Tristán   Señora, señora, advierte
que no es volver a quererte
dejar de haberte querido.

Disculpa el buscarte ha sido,
si ha sido culpa ofenderte.
Oyeme, Marcela, a mí.

Marcela   ¿Qué quieres, Tristán?

Tristán   Espera.

(Salen Diana y Anarda.)

Diana (Aparte.)   (¿Teodoro y Marcela aquí?)

Anarda   Parece que el ver te altera
que estos dos se hablen así.

Diana   Toma, Anarda, esa antepuerta,
y cubrámonos las dos.
(Aparte.)   (Amor con celos despierta.)

(Ocúltanse Diana y Anarda.)

Marcela   Déjame, Tristán, por Dios.

Anarda   Tristán a los dos concierta,
que deben estar reñidos.

Diana (Aparte.)   (El alcahuete lacayo
me ha quitado los sentidos.)

Tristán   No pasó más presto el rayo,
que por sus ojos y oídos
pasó la necia belleza
desa mujer que le adora.
Ya desprecia su riqueza;

que más riqueza atesora
tu gallarda gentileza.
    Haz cuenta que fue cometa
aquel amor. Ven acá,
Teodoro.

Diana (Aparte.)   (¡Brava estafeta
es el lacayo!)

Teodoro   Si ya
Marcela, a Fabio sujeta,
    dice que le tiene amor,
¿por qué me llamas, Tristán?

Tristán   ¡Otro enojado!

Teodoro   Mejor
los dos casarse podrán.

Tristán   ¿Tú también? ¡Bravo rigor!
    Ea, acaba, llega, pues,
dame esa mano, y después
que se hagan las amistades.

Teodoro   Necio, ¿tú me persuades?

Tristán   Por mí quiero que le des
    la mano esta vez, señor.

Teodoro   ¿Cuándo he dicho yo a Marcela
que he tenido a nadie amor?
Y ella me ha dicho...

Tristán   Es cautela

para vengar tu rigor.

Marcela   No es cautela; que es verdad.

Tristán   Calla, boba. ¡Ea, llegad!
                 ¡Qué necios estáis los dos!

Teodoro   Yo rogaba mas, ¡por Dios,
                 que no he de hacer amistad!

Marcela   Pues a mí me pase un rayo.

Tristán   No jures.

(Marcela habla aparte a Tristán.)

Marcela   (Aunque le muestro
                 enojo, ya me desmayo.)

Tristán   (Pues tente firme.)

Diana (Aparte.)   (¡Qué diestro
                 está el bellaco lacayo!)

Marcela   Déjame, Tristán; que tengo
                 que hacer.

Teodoro   Déjala, Tristán.

Tristán   Por mí, vaya.

Teodoro   Tenla.

Marcela   Vengo

mi amor.

Tristán

           ¿Cómo no se van
ya? Que a ninguno detengo.

Marcela

    ¡Ay, mi bien!, no puedo irme.

Teodoro

    Ni yo, porque no es tan firme
ninguna roca en la mar.

Marcela

Los brazos te quiero dar.

Teodoro

    Y yo a los tuyos asirme.

Tristán

    Si yo no era menester,
¿por qué me hiciste cansar?

(Desde el paño Anarda y Diana.)

Anarda

(¿Desto gustas?)

Diana

         (Vengo a ver
lo poco que hay que fiar
de un hombre y una mujer.)

Teodoro

    ¡Ay! ¡Qué me has dicho de afrentas!

Tristán

Yo he salido ya, con veros
juntar las almas contentas;
que es desgracia de terceros
no se concertar las ventas.

Marcela

    Si te trocare, mi bien,
por Fabio ni por el mundo,

que tus agravios me den
la muerte.

Teodoro

                    Hoy de nuevo fundo,
Marcela, mi amor también;
  y si te olvidare, digo
me dé el cielo en castigo
el verte en brazos de Fabio.

Marcela

¿Quieres deshacer mi agravio?

Teodoro

  ¿Qué no haré por ti y contigo?

Marcela

  Di que todas las mujeres
son feas.

Teodoro

                Contigo, es claro.
Mira qué otra cosa quieres.

Marcela

En ciertos celos reparo,
ya que tan mi amigo eres;
  que no importa que está aquí
Tristán.

Tristán

                Bien podéis por mí,
aunque de mí mismo sea.

Marcela

Di que la condesa es fea.

Teodoro

  Y un demonio para mí.

Marcela

¿No es necia?

Teodoro

                        Por todo extremo.

Marcela   ¿No es bachillera?

Teodoro   Es cuitada.

(Aparte las dos desde el paño.)

Diana   (Quiero estorbarlos; que temo
                   que no reparen en nada,
                   y aunque me hielo, me quemo.)

Anarda   (¡Ay señora! No hagas tal.)

Tristán   Cuando queráis decir mal
                   de la condesa y su talle,
                   a mí me oíd.

Diana   (¡Escúchalle!
                   ¿Podré desvergüenza igual?)

Tristán   Lo primero...

Diana   (Yo no aguardo
                   a lo segundo; que fuera
                   necedad.)

Marcela   Voyme, Teodoro.

(Adelántanse Diana y Anarda. Marcela hace una reverencia a la condesa
Diana y se va.)

Tristán   ¡La condesa!

Teodoro (Aparte.)   (¡La condesa!)

Diana   Teodoro...

Teodoro   Señora, advierte...

Tristán (Aparte.)   (El cielo a tronar comienza:
                        no pienso aguardar los rayos.)

(Vase.)

Diana   Anarda, un bufete llega.
                        Escribiráme Teodoro
                        una carta de su letra,
                        pero notándola yo.

Teodoro (Aparte.)   (Todo el corazón me tiembla.
                        ¿Si oyó lo que hablado habemos?)

Diana (Aparte.)   (Bravamente amor despierta
                        con los celos a los ojos.
                        ¡Que aquéste amase a Marcela,
                        y que yo no tenga partes
                        para que también me quiera!
                        ¡Que se burlasen de mí!)

Teodoro (Aparte.)   (Ella murmura y se queja;
                        bien digo yo que en palacio,
                        para que a callar aprenda,
                        tapices tienen oídos,
                        y paredes tienen lenguas.)

Anarda   Este pequeño he traído,
                        y tu escribanía.

Diana   Llega,
Teodoro, y toma la pluma.

Teodoro (Aparte.)   (Hoy me mata o me destierra.)

Diana   Escribe.

Teodoro   Di.

Diana   No estás bien
con la rodilla en la tierra;
ponle, Anarda. una almohada.

Teodoro   Yo estoy bien.

Diana   Pónsela, necia.

Teodoro (Aparte.)   (No me agrada este favor
sobre enojos y sospechas;
con quien honra las rodillas,
cortar quiere la cabeza.)
Yo aguardo.

Diana   Yo digo así.

Teodoro (Aparte.)   (Mil cruces hacer quisiera.)

(Siéntase la condesa en una silla alta. Ella dicta y él va escribiendo.)

Diana   «Cuando una mujer principal se ha
declarado con un hombre humilde, es
lo mucho el término de volver a hablar
con otra; mas quien no estima su fortuna,
quédese para necio.»

Teodoro   ¿No dices más?

Diana   Pues, ¿qué más?
                     El papel, Teodoro, cierra.

(Anarda habla aparte con Diana.)

Anarda   (¿Qué es esto que haces, señora?)

Diana   (Necedades de amor llenas.)

Anarda   (Pues, ¿a quién tienes amor?)

Diana   (¿Aún no le conoces, bestia?
                     Pues yo sé que le murmuran
                     de mi casa hasta las piedras.)

Teodoro   Ya el papel está cerrado;
                     solo el sobreescrito resta.

Diana   Pon, Teodoro, para ti;
                     y no lo entienda Marcela;
                     que quizá le entenderás
                     cuando de espacio le leas.

(Vanse la condesa Diana y Anarda.)

Teodoro   ¡Hay confusión tan extraña!
                     ¡Que aquesta mujer me quiera
                     con pausas, como sangría,
                     y que tenga intercadencias
                     el pulso de amor tan grandes!

(Sale Marcela.)

Marcela   ¿Qué te ha dicho la condesa,
                 mi bien?, ¿qué he estado temblando
                 detrás de aquella antepuerta?

Teodoro   Díjome que te quería
                 casar con Fabio, Marcela;
                 y este papel que escribí
                 es que despacha a su tierra
                 por los dineros del dote.

Marcela   ¿Qué dices?

Teodoro   Solo que sea
                 para bien, y pues te casas,
                 que de burlas ni de veras
                 tomes mi nombre en tu boca.

Marcela   Oye.

Teodoro   Es tarde para quejas.

(Vase.)

Marcela   No, no puedo yo creer
                 que aquésta la ocasión sea.
                 Favores de aquesta loca
                 le han hecho dar esta vuelta;
                 que él está como arcaduz,
                 que cuando baja, le llena
                 del agua de su favor,
                 y cuando sube, le mengua.
                 ¡Ay de mí, Teodoro ingrato,

que luego que su grandeza
te toca al arma, me olvidas!
Cuando te quiere me dejas,
cuando te deja me quieres.
¿Quién ha de tener paciencia?

(Salen Ricardo y Fabio.)

Ricardo   No pude, Fabio, detenerme un hora.
           Por tal merced le besaré las manos.

Fabio   Dile presto, Marcela, a mi señora
           que está el marqués aquí.

Marcela (Aparte.)   (Celos tiranos,
           celos crueles, ¿qué queréis agora,
           tras tantos locos pensamientos vanos?)

Fabio   ¿No vas?

Marcela   Ya voy.

Fabio   Pues dile que ha venido
           nuestro nuevo señor y su marido.

(Vase Marcela.)

Ricardo   Id, Fabio, a mi posada; que mañana
           os daré mil escudos y un caballo
           de la casta mejor napolitana.

Fabio   Sabré, si no servillo, celebrallo.

Ricardo   Éste es principio solo; que Diana

os tiene por criado y por vasallo,
y yo por solo amigo.

Fabio   Esos pies beso.

Ricardo   No pago así; la obligación confieso.

(Sale Diana.)

Diana   ¡Vuseñoria aquí!

Ricardo   Pues, ¿no era justo,
si me enviáis con Fabio tal recado,
y que después de aquel mortal disgusto,
me elegís por marido y por criado?
Dadme esos pies; que de manera el gusto
de ver mi amor en tan dichoso estado
me vuelve loco, que le tengo en poco,
si me contento con volverme loco.
    ¿Cuándo pensé, señora, mereceros,
ni llegar a más bien que desearos?

Diana   No acierto, aunque lo intento, a responderos.
¡Yo he enviado a llamaros! ¿O es burlaros?

Ricardo   Fabio, ¿qué es esto?

Fabio   ¿Pude yo traeros
sin ocasión agora, ni llamaros,
menos que de Teodoro prevenido?

Diana   Culpa, Ricardo, de Teodoro ha sido.
    Oyóme anteponer a Federico
vuestra persona, como primo hermano

y caballero generoso y rico,
y presumió que os daba ya la mano.
A vuestra señoría le suplico
perdone aquestos necios.

Ricardo   Fuera en vano
dar a Fabio perdón, si no estuviera
donde vuestra imagen le valiera.
    Bésoos los pies por el favor, y espero
que ha de vencer mi amor esta porfía.

(Vase.)

Diana   ¿Paréceos bien aquesto, majadero?

Fabio   ¿Por qué me culpa a mí, vuseñoría?

Diana (Aparte.)   Llamad luego a Teodoro. (¡Qué ligero
este cansado pretensor venía,
cuando me matan celos de Teodoro!)

Fabio   (Perdí el caballo y mil escudos de oro.)

(Vase.)

Diana   ¿Qué me quieres, Amor? Ya, ¿no tenía
olvidado a Teodoro? ¿Qué me quieres?
Pero responderás que tú no eres,
sino tu sombra, que detrás venía.
    ¡Oh celos! ¿Qué no hará vuestra porfía?
Malos letrados sois con las mujeres,
pues jamás os pidieron pareceres
que pudiese el honor guardarse un día.
    Yo quiero a un hombre bien; mas se me acuerda

que yo soy mar y que es humilde barco,
y que es contra razón que el mar se pierda.
　En gran peligro, Amor, el alma embarco;
mas si tanto el honor tira la cuerda,
por Dios, que temo que se rompa el arco.

(Salen Teodoro y Fabio. Aparte.)

Fabio　　　　　　　　(Pensó matarme el marqués;
pero, la verdad diciendo,
más sentí los mil escudos.)

Teodoro　　　　　　　(Yo quiero darte un consejo.)

Fabio　　　　　　(¿Cómo?)

Teodoro　　　　　　　　(El conde Federico
estaba perdiendo el seso
porque el marqués se casaba.
Parte, y di que el casamiento
se ha deshecho, y te dará
esos mil escudos luego.)

Fabio　　　　　　(Voy como un rayo.)

Teodoro　　　　　　　　　　　(¡Camina!)

(Vase Fabio.)

Teodoro　　　　　　¿Llamábasme?

Diana　　　　　　　　　　Bien ha hecho
ese necio en irse agora.

Teodoro   Un hora he estado leyendo
                 tu papel, y bien mirado,
                 señora, tu pensamiento,
                 hallo que mi cobardía
                 procede de tu respeto;
                 pero que ya soy culpado
                 en tenerle, como necio,
                 a tus muchas diligencias;
                 y así, a decir me resuelvo
                 que te quiero, y que es disculpa
                 que con respeto te quiero.
                 Temblando estoy, no te espantes.

Diana   Teodoro, yo te lo creo.
                 ¿Por qué no me has de querer
                 si soy tu señora y tengo
                 tu voluntad obligada,
                 pues te estimo y favorezco
                 más que a los otros criados?

Teodoro   Ese lenguaje no entiendo.

Diana   No hay más que entender, Teodoro,
                 ni pasar el pensamiento
                 un átomo desta raya.
                 Enfrena cualquier deseo;
                 que de una mujer, Teodoro,
                 tan principal, y más siendo
                 tus méritos tan humildes,
                 basta un favor muy pequeño
                 para que toda la vida
                 vivas honrado y contento.

Teodoro   Cierto que vuseñoría

—perdóneme si me atrevo—
tiene en el juicio a veces,
que no en el entendimiento,
mil lúcidos intervalos.
¿Para qué puede ser bueno
haberme dado esperanzas
que en tal estado me han puesto,
pues del peso de mis dichas
caí, como sabe, enfermo
casi un mes en una cama.
Luego, ¿qué tratamos desto
si cuando ve que me enfrío
se abrasa de vivo fuego,
y cuando ve que me abraso
se hiela de puro hielo?
Dejárame con Marcela.
Mas viénele bien el cuento
del perro del hortelano.
No quiere, abrasada en celos,
que me case con Marcela;
y en viendo que no la quiero,
vuelve a quitarme el juicio,
y a despertarme si duermo.
Pues coma o deje comer;
porque yo no me sustento
de esperanzas tan cansadas;
que si no, desde aquí vuelvo
a querer donde me quieren.

Diana   Eso no, Teodoro: advierto
que Marcela no ha de ser.
En otro cualquier sujeto
pon los ojos; que en Marcela
no hay remedio.

Teodoro   ¿No hay remedio?
                      Pues, ¿quiere vuseñoría
                      que, si me quiere y la quiero,
                      ande a probar voluntades?
                      ¿Tengo yo de tener puesto,
                      adonde no tengo gusto,
                      mi gusto por el ajeno?
                      Yo adoro a Marcela, y ella
                      me adora, y es muy honesto
                      este amor.

Diana   ¡Pícaro, infame!
                      Haré yo que os maten luego.

Teodoro   ¿Qué hace vuseñoría?

Diana   Daros, por sucio y grosero,
                      estos bofetones.

(Salen Federico y Fabio. Aparte.)

Fabio   (Tente.)

Federico   (Bien dices, Fabio; no entremos.
                      Pero mejor es llegar.)
                      Señora mía, ¿qué es esto?

Diana   No es nada: enojos que pasan
                      entre criados y dueños.

Federico   ¿Quiere vuestra señoría
                      alguna cosa?

Diana   No quiero
más de hablaros en las mías.

Federico   Quisiera venir a tiempo
que os hallara con más gusto.

Diana   Gusto, Federico, tengo;
que aquéstas son niñerías.
Entrad y sabréis mi intento
en lo que toca al marqués.

(Vase. Federico y Fabio hablan aparte.)

Federico   (Fabio...)

Fabio   ¿Señor...

Federico   (Yo sospecho
que en estos disgustos hay
algunos gustos secretos.)

Fabio   (No sé, por Dios; admirado
de ver, señor conde, quedo
tratar tan mal a Teodoro;
cosa que jamás ha hecho
la condesa, mi señora.)

Federico   (¡Bañóle de sangre el lienzo!)

(Vanse Federico y Fabio.)

Teodoro   Si aquesto no es amor, ¿qué nombre quieres
Amor, que tengan desatinos tales?
Si así quieren mujeres principales,

furias las llamo yo, que no mujeres.
   Si la grandeza excusa los placeres
que iguales pueden ser en desiguales,
¿por qué, enemiga, de crueldad te vales,
y por matar a quien adoras, mueres?
   ¡Oh mano poderosa de matarme!
¡Quién te besara entonces, mano hermosa,
agradecido al dulce castigarme!
   No te esperaba yo tan rigurosa;
pero si me castigas por tocarme,
tú sola hallaste gusto en ser celosa.

(Sale Tristán.)

Tristán   Siempre tengo de venir
              acabados los sucesos.
              Parezco espada cobarde.

Teodoro   ¡Ay Tristán!

Tristán   Señor, ¿qué es esto?
              ¡Sangre en el lienzo!

Teodoro   Con sangre
              quiere Amor que de los celos
              entre la letra.

Tristán   Por Dios,
              que han sido celos muy necios.

Teodoro   No te espantes; que está loca
              de un amoroso deseo,
              y como el ejecutarle
              tiene su honor por desprecio,

quiere deshacer mi rostro,
porque es mi rostro el espejo
adonde mira su honor,
y véngase en verle feo.

Tristán   Señor, que Juana o Lucía
cierren conmigo por celos,
y me rompan con las uñas
el cuello que ellas me dieron;
que me repelen y arañen
sobre averiguar por cierto
que les hice un peso falso,
¡vaya! Es gente de pandero,
de media de cordellate
y de zapato frai esco;
pero que tan gran señora
se pierda tanto el respeto
a sí misma, es vil acción.

Teodoro   No sé, Tristán; pierdo el seso
de ver que me está adorando,
y que me aborrece luego.
No quiere que sea suyo
ni de Marcela; y si dejo
de mirarla, luego busca
por hablarme algún enredo.
No dudes: naturalmente
es del hortelano el perro.
Ni come ni comer deja,
ni está fuera ni está dentro.

Tristán   Contáronme que un doctor,
catedrático y maestro,
tenía un ama y un mozo

que siempre andaban riñendo.
Reñían a la comida,
a la cena, y hasta el sueño
le quitaban con sus voces;
que estudiar, no había remedio.
Estando en lición un día,
fuéle forzoso corriendo
volver a casa, y entrando
de improviso en su aposento,
vio el ama y mozo acostados
con amorosos requiebros,
y dijo: «¡Gracias a Dios,
que una vez en paz os veo!».
Y esto imagino de entrambos,
aunque siempre andáis riñendo.

(Sale Diana.)

Diana   Teodoro...

Teodoro   ¿Señora...

Tristán (Aparte.)   (¿Es duende
esta mujer?)

Diana   Solo vengo
a saber cómo te hallas.

Teodoro   ¿Ya no lo ves?

Diana   ¿Estás bueno?

Teodoro   Bueno estoy.

Diana   ¿Y no dirás
«A tu servicio»?

Teodoro   No puedo
estar mucho en tu servicio,
siendo tal el tratamiento.

Diana   ¡Qué poco sabes!

Teodoro   Tan poco
que te siento y no te entiendo,
pues no entiendo tus palabras,
y tus bofetones siento.
Si no te quiero te enfadas,
y enójaste si te quiero;
escríbesme si me olvido,
y si me acuerdo te ofendo;
pretendes que yo te entienda,
y si te entiendo soy necio.
Mátame o dame la vida;
da un medio a tantos extremos.

Diana   ¿Hícete sangre?

Teodoro   Pues, ¿no?

Diana   ¿Adónde tienes el lienzo?

Teodoro   Aquí.

Diana   Muestra.

Teodoro   ¿Para qué?

Diana

¿Para qué? Esta sangre quiero.
Habla a Otavio, a quien agora
mandé que te diese luego
dos mil escudos, Teodoro.

Teodoro

¿Para qué?

Diana

Para hacer lienzos.

(Vase.)

Teodoro

¡Hay disparates iguales!

Tristán

¿Qué encantamientos son éstos?

Teodoro

Dos mil escudos me ha dado.

Tristán

Bien puedes tomar al precio
otros cuatro bofetones.

Teodoro

Dice que son para lienzos,
y llevó el mío con sangre.

Tristán

Pagó la sangre, y te ha hecho
doncella por las narices.

Teodoro

No anda mal agora el perro,
pues después que muerde, halaga.

Tristán

Todos aquestos extremos
han de parar en el ama
del doctor.

Teodoro   ¡Quiéralo el cielo!

                Fin de la segunda jornada

Jornada tercera

(Salen Federico, Ricardo y Celio.)

Ricardo   ¿Esto vistes?

Federico   Esto vi.

Ricardo   ¿Y que le dio bofetones?

Federico   El servir tiene ocasiones,
mas no lo son para mí;
   que al poner una mujer
de aquellas prendas la mano
al rostro de un hombre, es llano
que otra ocasión puede haber.
   Y bien veis que lo acredita
el andar tan mejorado.

Ricardo   Ella es mujer y él criado.

Federico   Su perdición solicita.
   La fábula que pintó
el filósofo moral
de las dos ollas, ¡qué igual
hoy a los dos la vistió!
   Era de barro la una,
la otra de cobre o hierro,
que un río a los pies de un cerro
llevó con varia fortuna.
   Desvióse la de barro
de la de cobre, temiendo
que la quebrase y yo entiendo
pensamiento tan bizarro

del hombre y de la mujer
hierro y barro, y no me espanto,
pues acercándose tanto,
por fuerza se han de romper.

Ricardo

La altivez y bizarría
de Diana me admiró,
y bien puede ser que yo
viese y no viese aquel día;
   mas ver caballos y pajes
en Teodoro, y tantas galas,
¿qué son sino nuevas alas?
Pues criados, oro y trajes
   no los tuviera Teodoro
sin ocasión tan notable.

Federico

Antes que desto se hable
en Nápoles, y el decoro
   de vuestra sangre se ofenda,
sea o no sea verdad,
ha de morir.

Ricardo

                  Y es piedad
matarle, aunque ella lo entienda.

Federico

      ¿Podrá ser?

Ricardo

                  Bien puede ser;
que hay en Nápoles quien vive
de eso y en oro recibe
lo que en sangre ha de volver.
   No hay más de buscar un bravo,
y que le despache luego.

Federico   Por la brevedad os ruego.

Ricardo   Hoy tendrá su justo pago
                    semejante atrevimiento.

(Viendo venir a Tristán y otros tres.)

Federico   ¿Son bravos éstos?

Ricardo   Sin duda.

Federico   El cielo ofendido ayuda
                    vuestro justo pensamiento.

(Salen Tristán, vestido de nuevo, Furio, Antonelo y Lirano.)

Furio   Pagar tenéis el vino en alboroque
                    del famoso vestido que os han dado.

Antonelo   Eso bien sabe el buen Tristán que es justo.

Tristán   Digo, señores, que de hacerlo gusto.

Lirano   Bravo salió el vestido.

Tristán   Todo aquesto
                    es cosa de chacota y zarandajas,
                    respeto del lugar que tendré presto.
                    Si no muda los bolos la Fortuna,
                    secretario he de ser del secretario.

Lirano   Mucha merced le hace la condesa
                    a vuestro amo, Tristán.

Tristán   Es su privanza,
es su mano derecha, y es la puerta
por donde se entra a su favor. Dejemos
favores y fortunas, y bebamos.

Furio   En este tabernáculo sospecho
que hay lágrima famosa y malvasía.

Tristán   Probemos vino greco; que deseo
hablar en griego, y con beberlo basta.

(Ricardo aparte a Federico.)

Ricardo   (Aquel moreno, del color quebrado,
me parece el más bravo, pues que todos
le estiman, hablan y hacen cortesía.)
Celio...

Celio   ¿Señor...

Ricardo   De aquellos gentileshombres
llama al descolorido.

(A Tristán.)

Celio   ¡Ah caballero!
Antes que se entre en esa santa ermita,
el marqués, mi señor, hablarle quiere.

(A sus amigos.)

Tristán   Camaradas, allí me llama un príncipe:
no puedo rehusar el ver qué manda.
Entren, y tomen siete u ocho azumbres,

y aperciban dos dedos de formache,
en tanto que me informo de su gusto.

Antonelo   Pues despachad a prisa.

Tristán   Iré volando.

(Vanse Furio, Antonelo y Lirano.)

              ¿Qué es lo que manda vuestra señoría?

Ricardo   El veros entre tanta valentía
nos ha obligado al conde Federico
y a mí, para saber si seréis hombre
para matar un hombre.

Tristán (Aparte.)   (¡Vive el cielo,
que son los pretendientes de mi ama,
y que hay algún enredo! Fingir quiero.)

Federico   ¿No respondéis?

Tristán   Estaba imaginando
si vuestra señoría está burlando
de nuestro modo de vivir; pues vive
el que reparte fuerzas a los hombres,
que no hay en toda Nápoles espada
que no tiemble de solo el nombre mío.
¿No conocéis a Héctor? Pues no hay Héctor
adonde está mi furibundo brazo;
que si él lo fue de Troya, yo de Italia.

Federico   Éste es, marqués, el hombre que buscamos.
Por vida de los dos, que no burlamos;

sino que si tenéis conforme al nombre
el ánimo, y queréis matar a un hombre,
que os demos el dinero que quisiéredes.

Tristán   Con doscientos escudos me contento,
y sea el diablo.

Ricardo   Yo os daré trescientos,
y despachadle aquesta noche.

Tristán   El nombre
del hombre espero y parte del dinero.

Ricardo   ¿Conocéis a Diana, la condesa
de Belflor?

Tristán   Y en su casa tengo amigos.

Ricardo   ¿Mataréis un criado de su casa?

Tristán   Mataré los criados y criadas
y los mismos frisones de su coche.

Ricardo   Pues a Teodoro habéis de dar la muerte.

Tristán   Eso ha de ser, señores, de otra suerte,
porque Teodoro, como yo he sabido,
no sale ya de noche, temeroso
por ventura de haberos ofendido;
que le sirva estos días me ha pedido.
dejádmele servir, y yo os ofrezco
de darle alguna noche dos mojadas,
con que el pobrete «in pace requiescat»,
y yo quede seguro y sin sospecha.

¿Es algo lo que digo?

Federico   No pudiera
hallarse en toda Nápoles un hombre
que tan seguramente le matara.
Servilde, pues, y así al descuido un día
pegalde, y acudid a nuestra casa.

Tristán   Yo he menester agora cien escudos.

Ricardo   Cincuenta tengo en esta bolsa; luego
que yo os vea en su casa de Diana,
os ofrezco los ciento, y muchos cientos.

Tristán   Eso de muchos cientos no me agrada.
Vayan vuseñorías en buen hora;
que me aguardan Mastranzo, Rompemuros,
Mano de Hierro, Arfuz y Espantadiablos;
y no quiero que acaso piensen algo.

Ricardo   Decís muy bien: adiós.

Federico   ¡Qué gran ventura!

Ricardo   A Teodoro contalde por difunto.

Federico   El bellacón, ¡qué bravo talle tiene!

(Vanse Federico, Ricardo y Celio.)

Tristán   Avisar a Teodoro me conviene.
Perdone el vino greco y los amigos.
A casa voy; que está de aquí muy lejos.
Mas éste me parece que es Teodoro.

(Sale Teodoro.)

Tristán   Señor, ¿adónde vas?

Teodoro   Lo mismo ignoro;
               porque de suerte estoy, Tristán amigo,
               que no sé adónde voy ni quién me lleva.
               Solo y sin alma, el pensamiento sigo,
               que al Sol me dice que la vista atreva.
               ¿Ves cuánto ayer Diana habló conmigo?
               Pues hoy de aquel amor se halló tan nueva,
               que apenas jurarás que me conoce,
               porque Marcela de mi mal se goce.

Tristán   Vuelve hacia casa; que a los dos importa
               que no nos vean juntos.

Teodoro   ¿De qué suerte?

Tristán   Por el camino te diré quién corta
               los pasos dirigidos a tu muerte.

Teodoro   ¡Mi muerte! Pues, ¿por qué?

Tristán   La voz reporta,
               y la ocasión de tu remedio advierte.
               Ricardo y Federico me han hablado,
               y que te dé la muerte concertado.

Teodoro   ¿Ellos a mí?

Tristán   Por ciertos bofetones
               el amor de tu dueño conjeturan,

y pensando que soy de los leones
que a tales homicidios se aventuran,
tu vida me han trocado a cien doblones,
y con cincuenta escudos me aseguran.
Yo dije que un amigo me pedía
que te sirviese, y que hoy te serviría,
donde más fácilmente te matase,
a efecto de guardarte desta suerte.

Teodoro   ¡Pluguiera a Dios que alguno me quitase
la vida, y me sacase desta muerte!

Tristán   ¿Tan loco estás?

Teodoro   ¿No quieres que me abrase
por tan dulce ocasión? Tristán, advierte
que si Diana algún camino hallara
de disculpa, conmigo se casara.
Teme su honor, y cuando más se abrasa,
se hiela y me desprecia.

Tristán   Si te diese
remedio, ¿qué dirás?

Teodoro   Que a ti se pasa
de Ulises el espíritu.

Tristán   Si fuese
tan ingenioso, que a tu misma casa
un generoso padre te trajese,
con que fueses igual a la condesa,
¿no saldrías, señor, con esta empresa?

Teodoro   Eso es sin duda.

Tristán

El conde Ludovico
caballero ya viejo, habrá veinte años
que enviaba a Malta un hijo de tu nombre,
que era sobrino de su gran maestre.
Cautiváronle moros de Biserta,
y nunca supo dél, muerto ni vivo.
Éste ha de ser tu padre, y tú su hijo,
y yo lo he de trazar.

Teodoro

Tristán, advierte
que puedes levantar alguna cosa
que nos cueste a los dos la honra y vida.

Tristán

A casa hemos llegado. A Dios te queda;
que tú serás marido de Diana
antes que den las doce de mañana.

(Vase.)

Teodoro

Bien al contrario pienso yo dar medio
a tanto mal, pues el Amor bien sabe
que no tiene enemigo que le acabe
con más facilidad que tierra en medio.
    Tierra quiero poner, pues que remedio,
con ausentarme, Amor, rigor tan grave,
pues no hay rayo tan fuerte que se alabe
que entró en la tierra, de tu ardor remedio.
    Todos los que llegaron a este punto,
poniendo tierra en medio te olvidaron;
que en tierra al fin le resolvieron junto.
    Y la razón que de olvidar hallaron
es que amor se confiesa por difunto,
pues que con tierra en medio te enterraron.

(Sale Diana.)

Diana   ¿Estás ya mejorado
                         de tus tristezas, Teodoro?

Teodoro   Si en mis tristezas adoro,
                         sabré estimar mi cuidado.
                            No quiero yo mejorar
                         de la enfermedad que tengo,
                         pues solo a estar triste vengo
                         cuando imagino sanar.
                            ¡Bien hayan males que son
                         tan dulces para sufrir
                         que se ve un hombre morir
                         y estima su perdición!
                            Solo me pesa que ya
                         esté mi mal en estado,
                         que he de alejar mi cuidado
                         de donde su dueño está.

Diana   ¡Ausentarte! Pues, ¿por qué?

Teodoro   Quiérenme matar.

Diana   Sí, harán.

Teodoro   Envidia a mi mal tendrán
                         que bien al principio fue.
                            Con esta ocasión, te pido
                         licencia para irme a España.

Diana   Será generosa hazaña
                         de un hombre tan entendido;

que con esto quitarás
la ocasión de tus enojos,
y aunque des agua a mi ojos,
honra a mi casa darás.
    que desde aquel bofetón
Federico me ha tratado
como celoso, y me ha dado
para dejarte ocasión.
    Vete a España; que yo haré
que te den seis mil escudos.

Teodoro   Haré tus contrarios mudos
con mi ausencia. Dame el pie.

Diana   Anda, Teodoro. No más.
Déjame; que soy mujer.

Teodoro (Aparte.)   (Llora; mas, ¿qué puedo hacer?)

Diana   En fin, Teodoro, ¿te vas?

Teodoro   Sí, señora.

Diana   Espera... Vete...
Oye.

Teodoro   ¿Qué mandas?

Diana   No, nada;
vete.

Teodoro   Voyme.

Diana (Aparte.)   (Estoy turbada.

¿Hay tormento que inquiete
    como una pasión de amor?)
¿No eres ido?

Teodoro   Ya, señora.
Me voy.

(Vase.)

Diana   ¡Buena quedo agora!
¡Maldígate Dios, honor!
    Temeraria invención fuiste,
tan opuesta al propio gusto.
¿Quién te inventó? Mas fue justo,
pues que tu freno resiste
    tantas cosas tan mal hechas.

(Vuelve Teodoro.)

Teodoro   Vuelvo a saber si hoy podré
partirme.

Diana   Ni yo lo sé,
ni tú, Teodoro, sospechas
    que me pesa de mirarte,
pues que te vuelves aquí.

Teodoro   Señora, vuelvo por mí,
que no estoy en otra parte;
    y como me he de llevar,
vengo para que me des
a mí mismo.

Diana   Si después

te has de volver a buscar,
   no me pidas que te dé.
Pero vete; que el amor
lucha con mi noble honor,
y vienes tú a ser traspié.
   Vete, Teodoro, de aquí;
no te pidas, aunque puedas;
que yo sé que si te quedas,
allá me llevas a mí.

Teodoro   Quede vuestra señoría
con Dios.

(Vase.)

Diana   ¡Maldita ella sea,
pues me quita que yo sea
de quien el alma quería!
   ¡Buena quedo yo, sin quien
era luz de aquestos ojos!
Pero sientan sus enojos:
quien mira mal, llore bien;
   ojos, pues os habéis puesto
en cosa tan desigual,
pagad el mirar tan mal;
que no soy la culpa desto;
   mas no lloren; que también
tiempla el mal llorar los ojos;
pero sientan sus enojos.
Quien mira mal, llore bien;
   aunque tendrán ya pensada
la disculpa para todo;
que el Sol los pone en el lodo,
y no se le pega nada.

Luego bien es que no den
en llorar. Cesas, mis ojos.
Pero sientan sus enojos.
Quien mira mal, llore bien.

(Sale Marcela.)

Marcela   Si puede la confianza
de los años de servirte
humildemente pedirte
lo que justamente alcanza,
    a la mano te ha venido
la ocasión de mi remedio,
y poniendo tierra en medio,
no verme si te he ofendido.

Diana   ¿De tu remedio, Marcela?
¿Cuál ocasión? Que aquí estoy.

Marcela   Dicen que se parte hoy,
por peligros que recela,
    Teodoro a España, y con él
puedes, casada, enviarme,
pues no verme es remediarme.

Diana   ¿Sabes tú que querrá él?

Marcela   Pues, ¿pidiérate yo a ti
sin tener satisfación,
remedio en esta ocasión?

Diana   ¿Hasle hablado?

Marcela   Y él a mí,

pidiéndome lo que digo.

Diana (Aparte.)   (¡Qué a propósito me viene
esta desdicha!)

Marcela   Ya tiene
tratado aquesto conmigo,
  y el modo con que podemos
ir con más comodidad.

Diana (Aparte.)   (¡Ay necio honor!, perdonad;
que amor quiere hacer extremos.
  Pero no será razón
pues que podéis remediar
fácilmente este pesar.)

Marcela   ¿No tomas resolución?

Diana   No podré vivir sin ti,
Marcela, y haces agravio
a mi amor, y aun al de Fabio,
que sé yo que adora en ti.
  Yo te casaré con él;
deja partir a Teodoro.

Marcela   A Fabio aborrezco; adoro
a Teodoro.

Diana (Aparte.)   (¡Qué cruel
ocasión de declararme!
Mas teneos, loco amor.)
Fabio te estará mejor.

Marcela   Señora...

Diana   No hay replicarme.

(Vase.)

Marcela   ¿Qué intentan imposibles mis sentidos,
contra tanto poder determinados?
Que celos poderosos declarados
harán un desatino, resistidos.
    Volved, volved atrás, pasos perdidos,
que corréis a mi fin precipitados;
árboles son amores desdichados,
a quien el hielo marchitó floridos.
    Alegraron el alma las colores
que el tirano poder cubrió de luto;
que hiela ajeno amor muchos amores.
    Y cuando de esperar daba tributo,
¿qué importa la hermosura de las flores,
si se perdieron esperando el fruto?

(Vase. Sale el conde Ludovico y Camilo.)

Camilo   Para tener sucesión,
no te queda otro remedio.

Ludovico   Hay muchos años en medio,
que mis enemigos son,
    y aunque tiene esa disculpa
el casarse en la vejez,
quiere el temor ser juez,
y ha de averiguar la culpa.
    Y podría suceder
que sucesión no alcanzase,
y casado me quedase;

y en un viejo una mujer
  es en un olmo una hiedra,
que aunque con tan varios lazos
la cubre de sus abrazos,
él se seca y ella medra.
  Y tratarme casamientos
es traerme a la memoria,
Camilo, mi antigua historia
y renovar mis tormentos.
  Esperando cada día
con engaños a Teodoro
veinte años ha que le lloro.

(Sale un paje.)

Paje
          Aquí a vuestra señoría
            busca un griego mercader.

Ludovico
          Di que entre.

(Avisa el paje y salen Tristán y Furio con traje griego.)

Tristán
                    Dadme esas manos
          y los cielos soberanos,
          con su divino poder,
            os den el mayor consuelo
          que esperáis.

Ludovico
                    Bien seáis venido.
          Mas, ¿qué causa os ha traído
          por este remoto suelo?

Tristán
            De Constantinopla vine
          a Chipre, y della a Venecia

con una nave cargada
de ricas telas de Persia.
Acordéme de una historia
que algunos pasos me cuesta;
y con deseos de ver
a Nápoles, ciudad bella,
mientras allá mis criados
van despachando las telas,
vine, como veis, aquí,
donde mis ojos confiesan
su grandeza y hermosura.

Ludovico   Tiene hermosura y grandeza
                  Nápoles.

Tristán   Así es verdad.
                  Mi padre, señor, en Grecia
                  fue mercader, y en su trato,
                  el de más ganancia era
                  comprar y vender esclavos;
                  y así en la feria de Azteclias
                  compró un niño, el más hermoso
                  que vio la naturaleza,
                  por testigo del poder
                  que le dio el cielo en la tierra.
                  Vendíanle algunos turcos,
                  entre otra gente bien puesta,
                  a una galera de Malta
                  que las de un bajá turquescas
                  prendieron en Chafalonia.

Ludovico   Camilo, el alma me altera.

Tristán   Aficionado al rapaz,

compróle y llevóle a Armenia
donde se crió conmigo
y una hermana.

Ludovico   Amigo, espera,
espera; que me traspasas
las entrañas.

Tristán (Aparte.)   (¡Qué bien entra!)

Ludovico   ¿Dijo cómo se llamaba?

Tristán   Teodoro.

Ludovico   ¡Ay cielo! ¡Qué fuerza
tiene la verdad de oírte!
Lágrimas mis canas riegan.

Tristán   Serpalitonia, mi hermana,
y este mozo —¡nunca fuera
tan bello!— con la ocasión
de la crianza, que engendra
el amor que todos saben,
se amaron desde la tierna
edad; y a dieciséis años,
de mi padre en cierta ausencia,
ejecutaron su amor,
y creció de suerte en ella,
que se le echaba de ver,
con cuyo temor se ausenta
Teodoro, y para parir
a Serpalitonia deja.
Catiborrato, mi padre,
no sintió tanto la ofensa

como el dejarle Teodoro.
Murió en efeto de pena,
y bautizamos su hijo;
que aquella parte de Armenia
tiene vuestra misma ley,
aunque es diferente iglesia.
Llamamos al bello niño
Terimaconio, que queda
un bello rapaz agora
en la ciudad de Tepecas.
Andando en Nápoles yo
mirando cosas diversas,
saqué un papel en que traje
deste Teodoro las señas,
y preguntando por él
me dijo una esclava griega
que en mi posada servía:
«¿Cosa que ese mozo sea
el del conde Ludovico?».
Dióme el alma una luz nueva,
y doy en que os he de hablar;
y por entrar en la vuestra,
entro, según me dijeron,
en casa de la condesa
de Belflor, y al primer hombre
que pregunto...

Ludovico   Ya me tiembla
el alma.

Tristán   ...veo a Teodoro.

Ludovico   ¡A Teodoro!

Tristán   Si bien quisiera
                  huirse; pero no pudo;
                  dudé un poco, y era fuerza,
                  porque el estar ya barbado
                  tiene alguna diferencia.
                  Fui tras él, asíle en fin,
                  hablóme, aunque con vergüenza,
                  y dijo que no dijese
                  a nadie en casa quién era,
                  porque el haber sido esclavo
                  no diese alguna sospecha.
                  Díjele: «Si yo he sabido
                  que eres hijo en esta tierra
                  de un título, ¿por qué tienes
                  la esclavitud por bajeza?».
                  Hizo gran burla de mí;
                  y yo, por ver si concuerda
                  tu historia con la que digo,
                  vine a verte, y a que tengas,
                  si es verdad que éste es tu hijo,
                  con tu nieto alguna cuenta;
                  o permitas que mi hermana
                  con él a Nápoles venga,
                  no para tratar casarse,
                  aunque le sobra nobleza;
                  mas porque Terimaconio
                  tan ilustre abuelo vea.

Ludovico   Dame mil veces tus brazos:
                  que el alma con sus potencias
                  que es verdadera tu historia
                  en su regocijo muestran.
                  ¡Ay, hijo del alma mía
                  tras tantos años de ausencia

134

hallado para m bien!
Camilo, ¿qué me aconsejas?
¿Iré a verle y conocerle?

Camilo   ¿Eso dudas? Parte, vuela,
y añade vida en tus brazos
a los años de tus penas.

Ludovico   Amigo, si quieres ir
conmigo, será más cierta
mi dicha; si descansar,
aquí aguardando te queda;
y dente por tanto bien
toda mi casa y hacienda;
que no puedo detenerme.

Tristán   Yo dejé, puesto que cerca,
ciertos diamantes que traigo,
y volveré cuando vuelvas.
Vamos de aquí, Mercaponios.

Furio   Vamos, señor.

Tristán   Bien se entrecas
el engañifo.

Furio   Muy bonis.

Tristán   Andemis.

(Vanse Tristán y Furio.)

Camilo   ¡Extraña lengua!

Ludovico   Vente, Camilo, tras mí.

(Vanse. Sale Tristán, en el portal de uno casa, cuya puerta está cerrada; Furio está delante de la puerta.)

Tristán   ¿Trasponen?

Furio   El viejo vuela,
sin aguardar coche o gente.

Tristán   ¿Cosa que esto verdad sea,
y que éste fuese Teodoro?

Furio   ¿Mas si en mentira como ésta
hubiese alguna verdad?

Tristán   Estas almalafas lleva;
que me importa desnudarme,
porque ninguno me vea
de los que aquí me conocen.

Furio   Desnuda presto.

Tristán   ¡Que pueda
esto el amor de los hijos!

Furio   ¿Adónde te aguardo?

Tristán   Espera,
Furio, en la choza del olmo.

Furio   Adiós.

(Vase.)

136

Tristán

       ¡Qué tesoro llega
al ingenio! Aquí debajo
traigo la capa revuelta,
que como medio sotana
me la puse, porque hubiera
más lugar en el peligro
de dejar en una puerta,
con el armenio turbante,
las hopalandas gregüescas.

(Salen Ricardo y Federico.)

Federico

    Digo que es éste el matador valiente
que a Teodoro ha de dar muerte segura.

Ricardo

¡Ah hidalgo!, ¿así se cumple entre la gente
que honor profesa y que opinión procura,
lo que se prometió tan fácilmente?

Tristán

Señor...

Federico

      ¿Somos nosotros por ventura
de los iguales vuestros?

Tristán

         Sin oírme,
no es justo que mi culpa se confirme.
  Yo estoy sirviendo al mísero Teodoro,
que ha de morir por esta mano airada;
pero puede ofender vuestro decoro
públicamente ensangrentar mi espada.
Es la prudencia un celestial tesoro,
y fue de los antiguos celebrada
por única virtud. Estén muy ciertos

que le pueden contar entre los muertos.
     Estáse melancólico de día,
y de noche cerrado en su aposento;
que alguna cuidadosa fantasía
le debe de ocupar el pensamiento.
Déjenme a mí; que una mojada fría
pondrá silencio a su vital aliento;
y no se precipiten desa suerte;
que yo sé cuándo le he de dar la muerte.

Federico   Paréceme, marqués, que el hombre acierta.
Ya que le sirve, ha comenzado el caso.
No dudéis, matarále.

Ricardo   Cosa es cierta.
Por muerto le contad.

Federico   Hablemos paso.

Tristán   En tanto que esta muerte se concierta,
vuseñorías, ¿no tendrán acaso
cincuenta escudos? Que comprar querría
un rocín, que volase el mismo día.

Ricardo   Aquí los tengo yo. Tomad, seguro
de que, en saliendo con aquesta empresa,
lo menos es pagaros.

Tristán   Yo aventuro
la vida, que servir buenos profesa.
Con esto, adiós; que no me vean, procuro,
hablar desde el balcón de la condesa
con vuestras señorías.

Federico   Sois discreto.

Tristán   Ya lo verán al tempo del efeto.

(Vase.)

Federico   Bravo es el hombre.

Ricardo   Astuto y ingenioso

Federico   ¡Qué bien le ha de matar!

Ricardo   Notablemente.

(Sale Celio.)

Celio   ¿Hay caso más extraño y fabuloso?

Federico   ¿Qué es esto, Celio? ¿Dónde vas? Detente.

Celio   Un suceso notable y riguroso
para los dos. ¿No veis aquella gente
que entra en casa del conde Ludovico?

Ricardo   ¿Es muerto?

Celio   Que me escuches te suplico.
A darle van el parabién contentos
de haber hallado un hijo que ha perdido.

Ricardo   Pues, ¿qué puede ofender nuestros intentos,
que le haya esa ventura sucedido?

Celio   ¿No importa a los secretos pensamientos

que con Diana habéis los dos tenido,
que sea aquel Teodoro, su criado,
hijo del conde?

Federico   El alma me has turbado.

Ricardo   ¿Hijo del conde? Pues, ¿de qué manera
se ha venido a saber?

Celio   Es larga historia,
y cuéntanla tan varia, que no hubiera
para tomarla tiempo ni memoria.

Federico   ¡A quién mayor desdicha sucediera!

Ricardo   Trocóse en pena mi esperada gloria.

Federico   Yo quiero ver lo que es.

Ricardo   Yo, conde, os sigo.

Celio   Presto veréis que la verdad os digo.

(Vanse. Salen Teodoro, de camino y Marcela.)

Marcela   En fin, Teodoro, ¿te vas?

Teodoro   Tú eres causa desta ausencia;
que en desigual competencia
no resulta bien jamás.

Marcela   Disculpas tan falsas das
como tu engaño lo ha sido;
porque haberme aborrecido

y haber amado a Diana
lleva tu esperanza vana
solo a procurar su olvido.

Teodoro   ¿Yo a Diana?

Marcela   Niegas tarde,
Teodoro, el loco deseo
con que perdido te veo
de atrevido y de cobarde:
cobarde en que ella se guarde
el respeto que se debe;
y atrevido, pues se atreve
tu bajeza a su valor;
que entre el honor y el amor
hay muchos montes de nieve.
   Vengada quedo de ti,
aunque quedo enamorada,
porque olvidaré vengada;
que el amor olvida así.
Si te acordares de mí
imagina que te olvido
porque me quieras; que ha sido
siempre error que suele hacer
que vuelva un hombre a querer,
pensar que es aborrecido.

Teodoro   ¡Qué de quimeras tan locas,
para casarte con Fabio!

Marcela   Tú me casas; que al agravio
de tu descén me provocas.

(Sale Fabio.)

Fabio   Siendo las horas tan pocas
                 que aquí Teodoro ha de estar,
                 bien haces, Marcela, en dar
                 ese descanso a tus ojos.

Teodoro   No te den celos enojos
                 que han de pasar tanto mar.

Fabio   En fin, ¿te vas?

Teodoro   ¿No lo ves?

Fabio   Mi señora viene a verte.

(Salen Diana, Dorotea y Anarda.)

Diana   ¿Ya, Teodoro, desta suerte?

Teodoro   Alas quisiera en los pies,
                 cuanto más, señora, espuelas.

Diana   ¡Hola! ¿Está esa ropa a punto?

Anarda   Todo está aprestado y junto.

(Fabio y Marcela hablan aparte.)

Fabio   (En fin, ¿se va?)

Marcela   (¡Y tú me celas!)

(Diana habla a Teodoro.)

Diana   Oye aquí aparte.

Teodoro   Aquí estoy
a tu servicio.

Diana   Teodoro,
tú te partes, yo te adoro.

Teodoro   Por tus crueldades me voy.

Diana   Soy quien sabes; ¿qué he de hacer?

Teodoro   ¿Lloras?

Diana   No; que me ha caído
algo en los ojos.

Teodoro   ¿Si ha sido
amor?

Diana   Sí debe de ser;
   pero mucho antes cayó,
y agora salir querría.

Teodoro   Yo me voy, señora mía;
yo me voy, el alma no.
   Sin ella tengo de ir;
no hago al serviros falta,
porque hermosura tan alta
con almas se ha de servir.
   ¿Qué me mandáis? Porque yo
soy vuestro.

Diana   ¡Qué triste día!

Teodoro   Yo me voy, señora mía;
                   yo me voy, el alma no.

Diana   ¿Lloras?

Teodoro   No; que me ha caído
                   algo, como a ti, en los ojos.

Diana   Deben de ser mis enojos.

Teodoro   Eso debe de haber sido.

Diana   Mil niñerías te he dado,
                   que en un baúl hallarás;
                   perdona, no pude más.
                   Si le abrieres, ten cuidado
                    de decir, como a despojos
                   de vitoria tan tirana:
                   «Aquéstos puso Diana
                   con lágrimas de sus ojos.»

(Hablan aparte Anarda y Dorotea.)

Anarda   (Perdidos los dos están.)

Dorotea   (¡Qué mal se encubre el amor!)

Anarda   (Quedarse fuera mejor.
                   Manos y prendas se dan.)

Dorotea   (Diana ha venido a ser
                   el perro del hortelano.)

144

Anarda   (Tarde le torna la mano.)

Dorotea   (O coma o deje comer.)

(Salen Ludovico y Camilo.)

Ludovico   Bien puede el regocijo dar licencia,
Diana ilustre, a un hombre de mis años
para entrar desta suerte a visitaros.

Diana   Señor conde, ¿qué es esto?

Ludovico   Pues, ¿vos sola
no sabéis lo que sabe toda Nápoles?
Que en un instante que llegó la nueva,
apenas me han dejado por las calles,
ni he podido llegar a ver mi hijo.

Diana   ¿Qué hijo? Que no te entiendo el regocijo.

Ludovico   ¿Nunca vuseñoría de mi historia
ha tenido noticia, y que ha veinte años
que enviaba un niño a Malta con su tío,
y que le cautivaron las galeras
de Alí Bajá?

Diana   Sospecho que me han dicho
ese suceso vuestro.

Ludovico   Pues el cielo
me ha dado a conocer el hijo mío
después de mil fortunas que ha pasado.

Diana   Con justa causa, conde, me habéis dado tan buena nueva.

Ludovico   Vos, señora mía,
me habéis de dar, en cambio de la nueva,
el hijo mío, que sirviéndoos vive,
bien descuidado de que soy su padre.
¡Ay, si viviera su difunta madre!

Diana   ¿Vuestro hijo me sirve? ¿Es Fabio acaso?

Ludovico   No, señora, no es Fabio, que es Teodoro.

Diana   ¡Teodoro!

Ludovico   Sí, señora.

Teodoro   ¿Cómo es esto?

Diana   Habla, Teodoro, si es tu padre el conde.

Ludovico   Luego, ¿es aquéste?

Teodoro   Señor conde, advierta
vuseñoría...

Ludovico   No hay qué advertir, hijo,
hijo de mis entrañas, sino solo
el morir en tus brazos.

Diana   ¡Caso extraño!

Anarda   ¡Ay señora! ¿Teodoro es caballero
tan principal y de tan alto estado?

Teodoro

    Señor, yo estoy sin alma, de turbado.
¿Hijo soy vuestro?

Ludovico

        Cuando no tuviera
tanta seguridad, el verte fuera
de todas la mayor. ¡Qué parecido
a cuando mozo fui!

Teodoro

        Los pies te pido,
y te suplico...

Ludovico

      No me digas nada;
que estoy fuera de mí. ¡Qué gallardía!
Dios te bendiga. ¡Qué real presencia!
¡Qué bien que te escribió naturaleza
en la cara, Teodoro, la nobleza!
Vamos de aquí; ven luego, luego toma
posesión de mi casa y de mi hacienda;
ven a ver esas puertas coronadas
de las armas más nobles deste reino.

Teodoro

  Señor, yo estaba de partida a España,
y así me importa.

Ludovico

      ¿Cómo a España? ¡Bueno!
España son mis brazos.

Diana

        Yo os suplico,
señor conde, dejéis aquí a Teodoro
hasta que se reporte, y en buen hábito
vaya a reconoceros como hijo;
que no quiero que salga de mi casa
con aqueste alboroto de la gente.

Ludovico   Habláis como quien sois tan cuerdamente.
                  Dejarle siento por un breve instante;
                  mas porque más rumor no se levante,
                  me iré, rogando a vuestra señoría
                  que sin mi bien no me anochezca el día.

Diana   Palabra os doy.

Ludovico   Adiós, Teodoro mío.

Teodoro   Mil veces beso vuestros pies.

Ludovico   Camilo,
                  venga la muerte agora.

Camilo   ¡Qué gallardo
                  mancebo que es Teodoro!

Ludovico   Pensar poco
                  quiero este bien, por no volverme loco.

(Vanse Ludovico y Camilo.)

Dorotea   Danos a todos las manos.

Anarda   Bien puedes, por gran señor.

Dorotea   Hacernos debes favor.

Marcela   Los señores que son llanos
                     conquistan las voluntades.
                  Los brazos nos puedes dar.

Diana   Apartaos, dadme lugar;

no le digáis necedades.
Déme vuestra señoría
las manos, señor Teodoro.

Teodoro   Agora esos pies adoro,
y sois más señora mía.

Diana   Salíos todos allá;
dejadme con él un poco.

(Marcela habla aparte a Fabio.)

Marcela   (¿Qué dices, Fabio?)

Fabio   (Estoy loco.)

(Dorotea aparte a Anarda.)

Dorotea   (¿Qué te parece?)

Anarda   (Que ya
mi ama no querrá ser
el perro del hortelano.)

Dorotea   (¿Comerá ya?)

Anarda   (Pues, ¿no es llano?)

Dorotea   (Pues reviente de comer.)

(Vanse Marcela, Fabio, Dorotea y Anarda.)

Diana   ¿No te vas a España?

Teodoro   ¿Yo?

Diana   ¿No dice vuseñoría:
                «Yo me voy, señora mía,
                yo me voy, el alma no»?

Teodoro   ¿Burlas de ver los favores
                de la Fortuna?

Diana   Haz extremos.

Teodoro   Con igualdad nos tratemos,
                como suelen los señores,
                  pues todos lo somos ya.

Diana   Otro me pareces.

Teodoro   Creo
                que estás con menos deseo:
                pena el ser tu igual te da.
                  Quisiérasme tu criado,
                porque es costumbre de amor
                querer que sea inferior
                lo amado.

Diana   Estás engañado;
                  porque agora serás mío,
                y esta noche he de casarme
                contigo.

Teodoro   No hay más que darme:
                Fortuna, tente.

Diana   Confío

que no ha de haber en el mundo
tan venturosa mujer.
Vete a vestir.

Teodoro   Iré a ver
el mayorazgo que hoy fundo,
  y este padre que me hallé
sin saber cómo o por dónde.

Diana   Pues adiós mi señor conde.

Teodoro   Adiós, condesa.

Diana   Oye.
                        ¿Qué?

Diana   ¡Qué! Pues, ¿cómo? ¿A su señora
así responde un criado?

Teodoro   Está ya el juego trocado,
y soy yo el señor agora.

Diana   Sepa que no me ha de dar
más celitos con Marcela,
aunque este golpe le duela.

Teodoro   No nos solemos bajar
los señores a querer
las criadas.

Diana   Tenga cuenta
con lo que dice.

Teodoro   Es afrenta.

Diana

Pues, ¿quién soy yo?

Teodoro

Mi mujer.

(Vase.)

Diana

No hay más que desear; tente, Fortuna,
como dijo Teodoro, tente, tente.

(Salen Federico y Ricardo.)

Ricardo

En tantos regocijos y alborotos,
¿no se da parte a los amigos?

Diana

Tanta
cuanta vuseñorías me pidieren.

Federico

De ser tan gran señor vuestro criado
os las pedimos.

Diana

Yo pensé, señores,
que las pedís con que licencia os pido,
de ser Teodoro conde y mi marido.

(Vase.)

Ricardo

¿Qué os parece de aquesto?

Federico

Estoy sin seso.

Ricardo

¡Oh, si le hubiera muerto este picaño!

Federico

Veisle, aquí viene.

(Sale Tristán.)

Tristán (Aparte.)   (Todo está en su punto.
                         ¡Brava cosa! ¡Que pueda un lacaffero
                         ingenio alborotar a toda Nápoles!)

Ricardo   Tente, Tristán, o como te apellidas.

Tristán   Mi nombre natural es «Quita-vidas».

Federico   ¡Bien se ha echado de ver!

Tristán   Hecho estuviera,
                         a no ser conde de hoy acá este muerto.

Ricardo   Pues, ¿eso importa?

Tristán   Al tiempo que el concierto
                         hice por los trecientos solamente,
                         era para matar, como fue llano,
                         un Teodoro criado, mas no conde.
                         Teodoro conde es cosa diferente,
                         y es menester que el galardón se aumente;
                         que más costa tendrá matar un conde
                         que cuatro o seis criados, que están muertos,
                         unos de hambre y otros de esperanzas,
                         y no pocos de envidia.

Federico   ¿Cuánto quieres?
                         ¡Y mátale esta noche!

Tristán   Mil escudos.

| Ricardo | Yo los prometo. |

| Tristán | Alguna señal quiero. |

| Ricardo | Esta cadena. |

| Tristán | Cuenten el dinero. |

| Federico | Yo voy a prevenirlo. |

| Tristán | Yo a matalle.
¿Oyen? |

| Ricardo | ¿Qué? ¿Quieres más? |

| Tristán | Todo hombre calle. |

(Vanse Ricardo y Federico. Sale Teodoro.)

| Teodoro | Desde aquí te he visto hablar
con aquellos matadores. |

| Tristán | Los dos necios son mayores
que tiene tan gran lugar.
　Esta cadena me han dado,
mil escudos prometido
porque hoy te mate. |

| Teodoro | ¿Qué ha sido
esto que tienes trazado?
　Que estoy temblando, Tristán. |

| Tristán | Si me vieras hablar griego,
me dieras, Teodoro, luego |

más que estos locos me dan.
   ¡Por vida mía, que es cosa
fácil el greguecizar!
Ello en fin no es más de hablar;
mas era cosa donosa
   los nombres que les decía:
Azteclias, Catiborratos,
Serpalitonia, Xipatos,
Atecas, Filimoclía...
   Que esto debe de ser griego,
como ninguno lo entiende,
y en fin, por griego se vende.

Teodoro   A mi' pensamientos llego
   que me causan gran tristeza,
pues si se sabe este engaño,
no hay que esperar menos daño
que cortarme la cabeza.

Tristán   ¿Agora sales con eso?

Teodoro   Demonio debes de ser.

Tristán   Deja la suerte correr,
y espera el fin del suceso.

Teodoro   La condesa viene aquí.

Tristán   Yo me escondo; no me vea.

(Ocúltase. Sale Diana.)

Diana   ¿No eres ido a ver tu padre,
Teodoro?

Teodoro   Una grave pena
me detiene; y finalmente
vuelvo a pedirte licencia
para proseguir mi intento
de ir a España.

Diana   Si Marcela
te ha vuelto a tocar el alma,
muy justa disculpa es ésa.

Teodoro   ¿Yo Marcela?

Diana   Pues, ¿qué tienes?

Teodoro   No es cosa para ponerla
desde mi boca a tu oído.

Diana   Habla, Teodoro, aunque sea
mil veces contra mi honor.

Teodoro   Tristán, a quien hoy pudiera
hacer el Engaño estatuas,
la Industria versos, y Creta
rendir laberintos, viendo
mi amor, mi eterna tristeza,
sabiendo que Ludovico
perdió un hijo, esta quimera
ha levantado conmigo,
que soy hijo de la tierra
y no he conocido padre
más que mi ingenio, mis letras
y mi pluma. El conde cree
que lo soy; y aunque pudiera

ser tu marido, y tener
tanta dicha y tal grandeza,
mi nobleza natural
que te engañe no me deja,
porque soy naturalmente
hombre que verdad profesa.
Con esto, para ir a España
vuelvo a pedirte licencia;
que no quiero yo engañar
tu amor, tu sangre y tus prendas.

Diana   Discreto y necio has andado:
discreto en que tu nobleza
me has mostrado en declararte;
necio en pensar que lo sea
en dejarme de casar,
pues he hallado a tu bajeza
el color que yo quería;
que el gusto no está en grandezas,
sino en ajustarse al alma
aquello que se desea.
Yo me he de casar contigo;
y porque Tristán no pueda
decir aqueste secreto,
hoy haré que cuando duerma,
en ese pozo de casa
le sepulten.

(Saliendo Tristán.)

Tristán   Guarda afuera.

Diana   ¿Quién habla aquí?

Tristán   ¿Quién? Tristán,
que justamente se queja
de la ingratitud mayor
que de mujeres se cuenta.
Pues, ¡siendo yo vuestro gozo,
aunque nunca yo lo fuera,
en el pozo me arrojáis!

Diana   ¡Qué!, ¿lo has oído?

Tristán   No creas
que me pescarás el cuerpo.

Diana   Vuelve.

Tristán   ¿Que vuelva?

Diana   Que vuelvas.
Por el donaire te doy
palabra de que no tengas
mayor amiga en el mundo;
pero has de tener secreta
esta invención, pues es tuya.

Tristán   Si me importa que lo sea,
¿no quieres que calle?

Teodoro   Escucha.
¿Qué gente y qué grita es ésta?

(Salen Ludovico, Federico, Ricardo, Camilo, Fabio, Marcela, Anarda y Dorotea.)

Ricardo   Queremos acompañar

a vuestro hijo.

Federico   La bella
Nápoles está esperando
que salga, junto a la puerta.

Ludovico   Con licencia de Diana,
una carroza te espera,
Teodoro, y junta, a caballo,
de Nápoles la nobleza.
Ven, hijo, a tu propia casa
tras tantos años de ausencia;
verás adonde naciste.

Diana   Antes que salga y la vea,
quiero, conde, que sepáis
que soy su mujer.

Ludovico   Detenga
la Fortuna, en tanto bien,
con clavo de oro la rueda.
Dos hijos saco de aquí,
si vine por uno.

Federico   Llega,
Ricardo, y da el parabién.

Ricardo   Darle, señores, pudiera
de la vida de Teodoro;
que celos de la condesa
me hicieron que a este cobarde
diera, sin esta cadena,
por matarle mil escudos.
Haced que luego le prendan,

que es encubierto ladrón.

Teodoro   Eso no; que no profesa
ser ladrón quien a su amo
defiende.

Ricardo   ¿No? Pues, ¿quién era
este valiente fingido?

Teodoro   Mi criado; y porque tenga
premio el defender mi vida,
sin otras secretas deudas,
con licencia de Diana,
le caso con Dorotea,
pues que ya su señoría
casó con Fabio a Marcela.

Ricardo   Yo doto a Marcela.

Federico   Y yo
a Dorotea.

Ludovico   Bien queda
para mí, con hijo y casa,
el dote de la condesa.

Teodoro   Con esto, senado noble,
que a nadie digáis se os ruega
el secreto de Teodoro,
dando, con licencia vuestra,
del Perro del Hortelano
fin la famosa comedia.

Fin de la comedia

Libros a la carta

A la carta es un servicio especializado para
empresas,
librerías,
bibliotecas,
editoriales
y centros de enseñanza;
y permite confeccionar libros que, por su formato y concepción, sirven a los
propósitos más específicos de estas instituciones.
Las empresas nos encargan ediciones personalizadas para marketing editorial
o para regalos institucionales. Y los interesados solicitan, a título personal,
ediciones antiguas, o no disponibles en el mercado; y las acompañan con
notas y comentarios críticos.
Las ediciones tienen como apoyo un libro de estilo con todo tipo de referen-
cias sobre los criterios de tratamiento tipográfico aplicados a nuestros libros
que puede ser consultado en Linkgua-ediciones.com.
Linkgua edita por encargo diferentes versiones de una misma obra con distin-
tos tratamientos ortotipográficos (actualizaciones de carácter divulgativo de
un clásico, o versiones estrictamente fieles a la edición original de referencia).
Este servicio de ediciones a la carta le permitirá, si usted se dedica a la enseñanza, tener una forma de hacer pública su interpretación de un texto y, sobre
una versión digitalizada «base», usted podrá introducir interpretaciones del
texto fuente. Es un tópico que los profesores denuncien en clase los desma-
nes de una edición, o vayan comentando errores de interpretación de un texto
y esta es una solución útil a esa necesidad del mundo académico.
Asimismo publicamos de manera sistemática, en un mismo catálogo, tesis
doctorales y actas de congresos académicos, que son distribuidas a través
de nuestra Web.
El servicio de «libros a la carta» funciona de dos formas.
1. Tenemos un fondo de libros digitalizados que usted puede personalizar en
tiradas de al menos cinco ejemplares. Estas personalizaciones pueden ser de
todo tipo: añadir notas de clase para uso de un grupo de estudiantes, introducir logos corporativos para uso con fines de marketing empresarial, etc. etc.

2. Buscamos libros descatalogados de otras editoriales y los reeditamos en tiradas cortas a petición de un cliente.